LES
É MOTIONS

Monographies de psychologie

Déjà parus:

1. L'insomnie. *Traitement comportemental*
2. Les femmes et l'alcool en Amérique du Nord et au Québec
3. L'abus des drogues. *Les programmes de prévention chez les jeunes*
4. L'intelligence animale. *Recherches piagétiennes*
5. Le choc de l'informatique. *Les répercussions psychosociales et le rôle des attitudes*
6. Le rêve, sa nature, sa fonction et une méthode d'analyse
7. La compréhension et la production de textes
8. Les émotions, 2ᵉ édition
9. La conscience psychologique. *Ses vicissitudes dans l'histoire de la psychologie, sa légitimité scientifique et son rôle dans le développement personnel*
10. L'organisation cérébrale de la motricité de la parole
11. Les problèmes d'adaptation psychosociale chez l'enfant et l'adolescent. *Prévalence, déterminants et prévention*

Gilles Kirouac

LES
É MOTIONS

2e édition

Monographies de psychologie

8

1995
Presses de l'Université du Québec
2875, boul. Laurier, Sainte-Foy (Québec)   G1V 2M3

Données de catalogage avant publication (Canada)

Kirouac, Gilles, 1943-

Les émotions

(Monographies de psychologie ; 8)

2e éd. -

Comprend des réf. bibliogr.

ISBN 2-7605-0694-0

1. Émotions. I. Titre. II. Collection.

BF532.K57 1995   152.4   C95-940115-6

Une version préliminaire des textes qui composent cette monographie a été réalisée dans le cadre d'une commandite du ministère de la Santé et des Services sociaux du Québec et a été présentée au Groupe de travail pour les jeunes.

ISBN 2-7605-0694-0

Dépôt légal – 1er trimestre 1995
Bibliothèque nationale du Québec
Bibliothèque nationale du Canada
Imprimé au Canada

TABLE DES MATIÈRES

REMERCIEMENTS

Je remercie très sincèrement les étudiantes et les étudiants qui ont contribué à cette monographie par les travaux de recherches qu'ils ont effectués sous ma direction. L'interaction scientifique avec ces personnes s'est révélée très stimulante. Il en va de même pour ceux et celles qui, depuis 1980, m'aident par leur participation et leurs questions au cours que je donne sur la psychologie de l'émotion. Finalement, je veux exprimer toute ma gratitude à Mme Marcelle Plourde qui, avec patience et compétence, a assuré la présentation finale de cette monographie. Mes recherches ont été rendues possibles grâce à des subventions octroyées par le programme Formation de chercheurs et aide à la recherche (FCAR, Québec) et le Conseil de recherche en sciences humaines (CRSH, Ottawa).

Je dédie le présent ouvrage à ma femme, Marlyse, et à mes deux filles, Geneviève et Marie-Hélène, à l'égard desquelles j'éprouve une immense gratitude.

INTRODUCTION

En règle générale, le concept d'émotion occupe une place très importante dans le vocabulaire courant lorsqu'on discute du comportement humain. Dans l'histoire des sciences du comportement, l'émotion s'avère l'un des concepts qui ont joué un rôle central. De fait, l'émotion apparaît comme un élément fondamental à considérer dans toute analyse voulant définir la «nature humaine». C'est du moins ce que pourrait laisser croire le seul sens commun. Nous verrons, cependant, que la science psychologique se bute à plusieurs difficultés dans le progrès de ses connaissances sur la nature et la fonction réelles de l'émotion.

Pourtant, notre seule expérience quotidienne peut nous laisser croire que nous savons en réalité beaucoup de choses au sujet de l'émotion. Ainsi, nous sommes conscients du fait que les émotions constituent des sources puissantes d'influence sur notre comportement. En plus, il est reconnu que des émotions peuvent se déclencher très rapidement et que, tandis que certaines sont ressenties comme agréables, d'autres apparaissent nocives et seraient à éviter. Souvent aussi, nous décrivons les gens comme trop ou pas assez émotifs. Ou bien, nous savons que certaines personnes dissimulent très bien leurs émotions alors que d'autres ne peuvent s'empêcher de les exprimer.

Dans l'histoire de la psychologie scientifique, l'étude de l'émotion a connu de nombreuses périodes creuses. Les progrès des connaissances sur l'émotion sont, en effet, lents et laborieux. Nombreux sont les auteurs qui ont fait ressortir la difficulté d'étudier de façon appropriée l'émotion et la résistance de ce concept à une analyse précise.

En conséquence, une variété d'opinions contradictoires peut s'observer quant à la nature et à l'importance des émotions. Ainsi, pour certains auteurs des années 40 et 50, le concept même d'émotion n'a aucune utilité pour la science du comportement et ne peut que produire de la confusion. Bien qu'une conception aussi extrême ne soit guère courante actuellement, il demeure que, même aujourd'hui, plusieurs systèmes théoriques globaux en psychologie accordent un rôle des plus réduits à l'émotion. Par contre, d'autres théoriciens accordent aux émotions un rôle crucial et prétendent qu'elles constituent la source première de la motivation chez l'humain.

De même, pour certains, l'émotion représente un phénomène transitoire tandis que pour d'autres, l'émotion est omniprésente et il n'existe aucun comportement qui ne possède une certaine tonalité émotionnelle. Une autre source de divergences réside dans le rôle que joue l'émotion. Selon une première conception, l'émotion perturbe et désorganise le comportement alors que selon une autre, elle possède un rôle d'organisation, de soutien et de motivation du comportement. Un dernier exemple d'opinions antagonistes au sujet de l'émotion vient du domaine de la psychothérapie. Pour les uns, le but de la thérapie est de faire disparaître ou de maîtriser des réponses émotionnelles inappropriées. Pour les autres, il s'agit de libérer les émotions afin qu'elles interagissent facilement et librement avec les autres composantes de la personnalité. Bien sûr, ces divergences peuvent refléter des conceptions théoriques et épistémologiques qui débordent le domaine même de la psychologie de l'émotion. Mais tout de même, ces prises de position sont intimement associées aux courants théoriques se rapportant spécifiquement à la recherche sur l'émotion.

Après une période plutôt inerte en ce qui concerne l'intérêt pour la recherche sur l'émotion, il y a eu une remontée importante de la popularité de l'émotion comme domaine de recherche fondamentale en psychologie, à partir de la seconde moitié des années 70. Certaines raisons théoriques et méthodologiques peuvent expliquer ce renouveau d'intérêt (Yarrow, 1979). Une première raison vient de ce que certains appellent la «révolution cognitive» en psychologie. Plusieurs conséquences pour l'étude des émotions découlent de cette nouvelle insistance sur l'importance des mécanismes cognitifs. Tout d'abord, cela a provoqué une recrudescence de l'étude des mécanismes d'analyse et d'évaluation de l'information qui, de l'avis de plusieurs, seraient impliqués dans le déclenchement du processus émotionnel. Cette analyse oblige à s'interroger sur le rôle nécessaire et suffisant de la médiation cognitive (évaluation, mémorisation, anticipation) dans la genèse de l'émotion, d'où la controverse toujours présente ayant pour objet la nature précise des liens qui unissent l'émotion et la cognition.

Par ailleurs, le regain de vie de la psychologie cognitive a comme conséquence d'accroître la tendance à faire appel à des composantes internes non directement observables dans l'explication du comportement. Dans le cas de l'émotion, il en découle une préoccupation accrue pour la prise en considération de l'expérience subjective comme dimension indispensable à toute analyse complète du processus émotionnel. La problématique théorique et méthodologique de l'étude de l'expérience subjective a d'ailleurs fait l'objet de plusieurs analyses (Dennett, 1991 ; Mandler, 1984 ; Meichenbaum et Butler, 1980) tout comme l'utilisation des rapports verbaux, en général (Ericson et Simon, 1984).

Les progrès des dernières années dans la recherche sur le comportement expressif émotionnel, tout particulièrement les expressions faciales, représentent aussi une source majeure de renouveau en psychologie de l'émotion. Longtemps marginal, ce secteur de recherche a connu des développements importants sur le plan empirique (Ekman, 1982 et 1992a). En outre, les efforts théoriques qui ont accompagné ces développements ont eu pour conséquence d'intégrer la dimension expressive comme élément important dans les explications théoriques de l'émotion (Scherer, 1992a). Soulignons que c'est surtout par l'étude de l'expression émotionnelle faciale, mais aussi vocale, que s'est effectuée l'insertion d'une perspective éthologique et d'une dimension évolutionniste en psychologie de l'émotion.

En raison de contraintes matérielles, le présent ouvrage traitera d'un nombre limité de thèmes qui semblent constituer des composantes majeures de l'évolution récente de l'analyse théorique et empirique de l'émotion. De plus, ces thèmes se situent dans le prolongement historique de grands débats en psychologie de l'émotion. Bien sûr, cette monographie se caractérise, dans un sens, plus par ce qu'elle ne traite pas que par les sujets qu'elle aborde ; l'accent y est surtout mis sur une problématique issue de la psychologie expérimentale ou fondamentale. Cependant, le lecteur y trouvera le rappel régulier de la nécessité d'élargir le cadre disciplinaire de la recherche sur les émotions.

Parmi les sujets non abordés ou uniquement effleurés, il y a tout le courant neuropsychologique de même que la question du développement émotionnel qui est un secteur des plus productifs en psychologie des émotions. Il y a aussi les courants phénoménologique et «constructiviste» qui prennent de plus en plus d'importance, et qui ne sont pas relevés dans le cadre de cet ouvrage. Cependant, à l'occasion, on retrouvera des emprunts ou des références à ces approches dans le présent texte.

Le premier thème abordé porte sur trois questions qui représentent une source majeure d'inertie dans le progrès des recherches en psychologie de l'émotion. Il s'agit de l'absence de consensus sur une définition de l'émotion, de la problématique de l'étude de l'aspect subjectif de l'émotion et, finalement, de l'élaboration de situations inductrices d'émotions spécifiques. Tout progrès sous ces trois chapitres ne peut qu'avoir des retombées très positives pour la connaissance des mécanismes de l'émotion.

Le deuxième thème retenu traite du rôle des variables cognitives dans le processus émotionnel. Il s'agit de l'examen du rôle nécessaire ou suffisant des facteurs cognitifs dans la mise en branle de l'émotion. Un des aspects les plus critiques de cette question porte sur la possibilité de séparer les processus affectifs et les processus cognitifs.

Finalement, dans un dernier chapitre centré sur l'analyse de l'expression des émotions, nous faisons le tour des principales données empiriques qui se sont multipliées récemment et nous tentons de faire la synthèse de certaines retombées qu'aurait occasionnées ce secteur de recherche pour l'ensemble du domaine de la psychologie de l'émotion.

$\boxed{1}$

PROBLÈMES CONCEPTUELS ET MÉTHODOLOGIQUES

Pour assurer un progrès satisfaisant dans un domaine particulier, toute recherche se doit de comporter un degré suffisant de rigueur et de précision conceptuelles. Il est, en effet, important que tous s'entendent précisément sur ce dont on parle. Il faut, en outre, que le phénomène qui constitue l'objet d'étude soit clairement délimité par rapport aux autres processus connexes. Toutes ces questions sont liées au problème de la définition de l'émotion.

Comme l'aspect subjectif (ce qui est ressenti) constitue une caractéristique fondamentale à toute émotion, il est impérieux que cet aspect fasse partie des considérations méthodologiques et théoriques dont se préoccupe la psychologie de l'émotion. Nous traiterons donc des facettes qui semblent les plus importantes relativement à la problématique de l'étude de la dimension subjective de l'émotion.

Finalement, une manière efficace d'observer un phénomène consiste souvent à le provoquer expérimentalement : c'est l'objectif d'éventuelles situations inductrices d'émotions spécifiques. Cependant, jusqu'à maintenant, il y a eu des succès limités dans l'élaboration de situations inductrices pour ce qui est de la fiabilité et de la validité. Il y a donc lieu de s'attarder aux conditions nécessaires à la construction de situations inductrices appropriées, de même qu'aux difficultés majeures qui entravent les progrès dans ce domaine.

1. La définition de l'émotion

La définition de toute entité psychologique (perception, apprentissage) représente habituellement des difficultés de taille, et le concept d'émotion est loin de faire exception à la règle. Comme le fait remarquer Plutchik (1980a), les progrès dans l'élaboration d'une bonne définition de l'émotion ne sont guère encourageants. Il semble, en effet, ne pas y avoir de tendance décelable qui permettrait de croire que les définitions les plus récentes soient meilleures que les anciennes.

Un problème particulier dans la quête d'une définition satisfaisante de l'émotion vient de ce que, souvent, les énoncés ne se rapportent qu'à un aspect de l'émotion. C'est ce que révèlent les analyses publiées par Hinde (1972) et Kleinginna et Kleinginna (1981). En effet, comme le souligne Hinde, le concept d'émotion est utilisé de manière bien différente selon qu'il est envisagé en référence à l'aspect stimulus, à l'expérience subjective, à une phase d'un processus, à une variable intermédiaire ou à une réponse. Cette diversité d'emplois ne peut qu'influer sur l'orientation et la teneur des définitions de l'émotion. D'ailleurs, la recension de Kleinginna et Kleinginna (1981) établit jusqu'à onze catégories de définitions qui dépendent justement de l'aspect de l'émotion sur lequel l'accent est mis (voir le tableau 1). C'est donc dire qu'il y a un grand «ménage» conceptuel à faire avant d'en arriver à s'entendre sur une définition uniforme de l'émotion. De plus, il semble crucial que les définitions proposées du concept englobent tous les ingrédients essentiels plutôt que seulement certaines composantes du phénomène. Cependant, le problème relié à l'absence de consensus sur l'identité de ces éléments essentiels demeure entier.

1.1. Émotion, sentiment et humeur

Bien qu'il soit difficile de définir le concept d'émotion, il existe une certaine entente en ce qui concerne les distinctions à apporter entre l'émotion et les autres phénomènes affectifs. Il serait toutefois abusif de parler d'un consensus absolu ; il s'agirait plutôt d'une sorte d'opinion majoritaire (voir Maisonneuve, 1985 et Rony, 1961, pour une recension des multiples confusions et nuances possibles). On désigne habituellement par processus affectifs tous les états concernant des sensations de plaisir ou de déplaisir ou encore, liées à la tonalité agréable ou désagréable. C'est donc dire que les émotions, les sentiments et les humeurs sont regroupés sous le

TABLEAU 1
**Catégories de définitions recensées par Kleinginna
et Kleinginna (1981) selon l'accent qu'elles comportent**

AFFECTIVE	Niveau d'excitation et plaisir/déplaisir
COGNITIVE	Aspects cognitifs, notamment les mécanismes d'évaluation
AXÉE SUR LES STIMULI DÉCLENCHEURS	Événements externes dans le déclenchement de l'émotion
PHYSIOLOGIQUE	Mécanismes biologiques de l'émotion
EXPRESSIVE	Réactions observables lors d'une émotion
PERTURBATRICE	Fonction désorganisatrice et négative de l'émotion
ADAPTATIVE	Valeur adaptative et positive de l'émotion
MULTIDIMENSIONNELLE	Nombreuses composantes importantes de l'émotion
RESTRICTIVE	Caractère distinctif de l'émotion par rapport à d'autres concepts
MOTIVATIONNELLE	Importance de l'émotion comme source de motivation
SCEPTIQUE	Met en doute la pertinence du concept d'émotion

vocable «états affectifs». Il faut cependant noter que, pour la psychanalyse, le concept d'affect possède un sens particulier qui se rapproche plutôt de ce que nous entendons par émotion (voir plus bas) que de la signification plus générale que nous utilisons ici. Mais pour rendre justice à la complexité de l'analyse psychanalytique de l'affect, il faudrait apporter plusieurs nuances, ce qui nous entraînerait bien au-delà de l'objectif du présent ouvrage.

Dans le cas de l'émotion, il s'agit d'un état affectif, donc comportant des sensations appétitives ou aversives, qui a un commencement précis et est lié à un objet précis. Elle posséderait une durée relativement brève : on n'éprouverait pas une émotion pendant des heures. Il existe cependant une controverse au sujet de la durée des états émotionnels. Au cours des dernières années, de nombreuses données ont été recueillies sur des émotions

antérieurement ressenties par des sujets au moyen de questionnaires (voir la recension de Wallbott et Scherer, 1989). Les résultats obtenus par cette méthodologie révèlent que des émotions
pourraient durer plusieurs heures, voire plusieurs jours (Frijda,
Mesquita, Sonnemans et Van Goozen, 1991). Pourtant Ekman
(1992b) met en doute cette affirmation. Il prétend que les sujets qui
ont à se remémorer à posteriori des émotions passées combinent
dans un seul rapport verbal ce qui, dans les faits, est une séquence
de répétitions distinctes du même état émotionnel. Cette critique
n'est pas dénuée de bon sens quand l'on sait tous les risques de
distorsions auxquels sont assujettis les rapports verbaux d'événements passés. (Nous ferons plus loin une analyse élaborée de la
problématique de l'utilisation des rapports verbaux.) De plus,
Fredrickson et Kahneman (1993) ont observé que des sujets qui
évaluaient à posteriori des expériences émotionnelles n'accordaient
que peu d'importance à la durée réelle de ces dernières. Il faut
cependant noter une disparité notable entre les indices sur lesquels
s'appuie Ekman pour déterminer la durée des émotions et ceux
des recherches avec questionnaires. Dans le cas d'Ekman, il s'agit
de la durée d'expressions faciales émotionnelles tandis que pour
les autres recherches, des rapports verbaux sont la source des
données. Ce problème de disparité entre les indices du déroulement émotionnel est des plus récurrents et constitue une source
persistante de controverses en psychologie de l'émotion.

Une autre caractéristique de l'émotion serait qu'elle s'accompagne de changements physiologiques particuliers, une activation
physiologique qui ne se retrouve pas chez un sujet qui n'est pas
sous l'emprise d'une émotion. Cette activation physiologique deviendrait un stimulus qui a une pertinence psychologique (Mandler,
1984). Elle exercerait un effet sur le système mental qui irait jusqu'à
influencer le déroulement en cours des activités cognitives. C'est
par cet intermédiaire que l'on peut aborder l'aspect motivationnel
de l'émotion. En effet, une telle influence sur le déroulement des
processus mentaux peut entraîner une réorientation du comportement vers d'autres objets de l'environnement. Compte tenu de cet
effet de l'émotion sur l'activité mentale, il n'est pas étonnant que
plusieurs considèrent que l'émotion peut jouer un rôle perturbateur
et qu'il puisse devenir fortement désorganisateur dans le cas d'émotions très intenses (Hebb, 1980). Il nous semble d'ailleurs que ce
soit de ce côté qu'il faille chercher l'origine de l'opinion selon
laquelle l'émotion a essentiellement un rôle de désorganisation du

comportement. Donc, une émotion correspondrait à une phase aiguë comportant une perturbation ou une démarcation forte par rapport au niveau de base plus stable de l'état affectif d'un sujet. Quant au terme « sentiment », il s'agit d'un concept qui peut avoir plusieurs acceptions. De fait, certains auteurs utilisent ce terme comme une façon de décrire tout état interne rapportable, ce qui risque de nous éloigner fortement du domaine affectif. Pour notre propos, le terme « sentiment » renvoie à la coloration affective des contenus conscients : ce qui fait apparaître les sensations ou les perceptions plaisantes ou déplaisantes. Il s'agit alors d'états plaisants ou déplaisants résultant de sensations olfactives, gustatives, auditives ou visuelles. Il se peut aussi que ce soient des sensations qui proviennent de stimulations organiques aversives (blessures, maladies, faim ou soif) ou appétitives (consommation de nourriture et autres états organiques associés au bien-être physique). Finalement, il faut noter les états basés sur une expérience antérieure et comportant une dimension d'analyse cognitive, comme c'est le cas pour la satisfaction ou la non-satisfaction par rapport à une œuvre d'art. En somme, ce qui caractérise les sentiments, c'est un état plaisant ou déplaisant par rapport à un objet de référence dans l'environnement externe ou interne de l'individu et, surtout, l'absence d'activation physiologique comme dans le cas de l'émotion. Le sentiment est ainsi considéré comme une entité distincte de l'émotion.

Cependant, il y a un autre sens qui est donné au terme « sentiment », qui est alors considéré comme une des composantes inhérentes au processus émotionnel. Cette acception se rapporte à ce que plusieurs relèvent comme un aspect essentiel à l'émotion : la sensation d'un certain niveau d'excitation ou d'activation (prise de conscience de certaines activités somatiques) de même que de plaisir ou de déplaisir (*emotional feelings*). Le rôle éventuel des sentiments dans l'émotion a toujours préoccupé les théoriciens, et l'on peut remonter jusqu'à Descartes (Lyons, 1980). Cet aspect est crucial pour l'historique de l'étude du rôle des facteurs cognitifs dans le déclenchement de l'émotion, que nous aborderons plus loin.

Enfin, dans le cas de l'humeur, une première caractéristique distinctive de cet état serait de nature temporelle (Ekman 1992b ; Frijda, 1993). En effet, l'humeur consiste en un état affectif qui dure relativement longtemps par comparaison avec l'émotion. Ainsi, une émotion telle la colère durera au plus quelques minutes tandis que quelqu'un qui est d'humeur irritable peut le demeurer toute la journée. L'humeur est une condition plutôt chronique tandis que l'émotion est un phénomène plus aigu. Il faut cependant nuancer cette affirmation à la lumière de la controverse relevée plus haut au sujet de la durée réelle des états émotionnels.

L'humeur n'a souvent aucun stimulus déclencheur spécifique qui assure son maintien (Frijda, 1993). Parfois, l'humeur peut être causée par des événements précis de l'environnement social (par exemple, une invitation à un bal, une perte financière). Cependant, cet événement n'est plus essentiel au maintien du mécanisme une fois qu'il est déclenché. C'est donc dire que l'humeur est un état plus diffus que l'émotion. En effet, il perdure sans être dirigé spécifiquement vers quelque chose dans l'environnement : l'humeur ne possède pas d'objet de référence. Pour plusieurs, la caractéristique plus diffuse ou globale de l'humeur serait ce qui la distingue le plus des autres états affectifs (Frijda, 1993).

Toutefois, l'humeur, en tant qu'état plus diffus ou plus durable, affecte le comportement en rendant celui ou celle qui l'éprouve plus susceptible de réagir à certains événements. L'humeur peut aussi abaisser le seuil de déclenchement d'émotions spécifiques. Ainsi, la personne d'humeur irritable peut être plus facilement mise en colère ou encore éprouvera des colères plus intenses. Dans ce sens, Lyons (1980) parle d'états affectifs en cours (qui se déroulent) et d'états émotionnels potentiels (susceptibles de se déclencher facilement). L'humeur serait liée à la dernière catégorie.

Nous venons donc de faire une recension rapide des distinctions usuellement proposées au sein des états affectifs. Une analyse de ces divers concepts ne tarde pas à faire ressortir des failles ou des recoupements embêtants. Le niveau de formalisation de ces distinctions terminologiques est faible et souffre du même statut d'ambiguïtés et de contradictions qui caractérisent tant d'aspects en psychologie de l'émotion. Ainsi, comme le mentionne Plutchik (1980b), certains auteurs considèrent que l'humeur est une émotion plus durable tandis que d'autres estiment que l'émotion est une humeur plus intense. On peut ainsi se demander jusqu'à quel point les différences terminologiques sont quantitatives plutôt que qualitatives. L'étanchéité de ces concepts reste donc à démontrer.

1.2. Le vocabulaire lié à l'émotion

Un autre problème qui nuit aux progrès vers une meilleure précision dans la définition de l'émotion concerne le langage. En effet,
le vocabulaire utilisé s'avère habituellement celui du langage de
tous les jours. Cependant, une telle habitude comporte plusieurs
inconvénients (Kagan, 1984 ; Mandler, 1984 ; Scherer, 1984).
Comme le souligne Mandler (1984), le langage de tous les jours
et le langage scientifique ne visent pas les mêmes objectifs. Le premier vise à communiquer et se doit d'être répétitif et suffisamment
général pour ne pas exiger trop d'effort cognitif chez les interlo-
cuteurs dans les interactions sociales. Quant au second, il sert à
décrire et à expliquer et se doit donc d'être très précis et non
redondant. Par exemple, si la distinction entre un bruit fort et un
bruit faible est pertinente pour le langage ordinaire, elle se révèle
sans aucun intérêt sur le plan scientifique.

Dans le cas de l'émotion, le problème qui se pose est de savoir
si des termes tels «joie», «colère» ou «tristesse», qui semblent plutôt
apparentés au langage ordinaire, conviennent au discours propre
à l'explication scientifique. Pour Mandler (1984), cela ne va
pas de soi. De toute façon, à l'heure actuelle, le degré d'avancement de nos connaissances sur la nature de l'émotion ne nous
offre guère mieux que le vocabulaire imparfait qui se réfère à des
états émotionnels tels que la joie, la colère, la peur ou la tristesse.
Il serait difficile d'envisager d'écrire un texte sur l'émotion sans
utiliser cette terminologie. Quand ces termes seront utilisés, il
faudra donc garder à l'esprit le caractère provisoire et imparfait
de leur emploi.

1.3. Les composantes du processus émotionnel

Malgré la difficulté chronique d'en arriver à une définition satisfaisante de l'émotion, il demeure pertinent et peut-être plus rentable
pour le moment de tenter une analyse descriptive visant à préciser
quels sont les éléments constitutifs du déroulement d'une émotion.
Il y a quelques années, Lewis et Michalson (1983) et Ekman (1977)
ont proposé ce genre d'approche qui est en accord avec les conclusions de Kleinginna et Kleinginna (1981), qui ont comparé les
nombreuses définitions de l'émotion existantes, et avec les analyses les plus récentes (Scherer, 1993a ; Frijda, 1986).

1.3.1. Les inducteurs

Ce sont les événements, objets ou situations qui sont responsables du déclenchement de l'émotion. Ces stimuli s'avèrent l'occasion pour l'une ou l'autre émotion de se déclencher. En plus des événements externes, des stimuli internes peuvent aussi être générateurs de l'émotion. Tout logique que soit cet énoncé, il n'en pose pas moins certaines difficultés. En effet, ce ne sont pas tous les stimuli, même quand ils provoquent des changements physiologiques importants, qui peuvent entrer dans la catégorie des inducteurs d'émotions. Jusqu'à récemment, il n'y avait presque pas de données permettant de spécifier les traits constitutifs inhérents aux inducteurs (Doré et Kirouac, 1985 et 1986). Maintenant de nombreuses recherches utilisant des questionnaires, incluant des données interculturelles des plus éclairantes, ont considérablement accru notre connaissance des circonstances associées au déclenchement de l'émotion. Ces données seront analysées plus loin.

1.3.2. Les réponses émotionnelles

Il s'agit d'une sorte de syndrome réunissant un ensemble de réactions qui suivent la présence et l'analyse (voir plus bas) d'un événement inducteur. Scherer (1993a) parle alors d'une synchronisation temporaire d'un ensemble de sous-systèmes qui sont responsables du fonctionnement de l'organisme. C'est donc dire que les réponses émotionnelles forment un ensemble complexe à cause de la pluralité des systèmes de réponses qui interviennent. De plus, parmi cet ensemble de changements somatiques et d'activités neurophysiologiques, plusieurs éléments ne sont pas directement observables.

Une première catégorie de réponses se rapporte aux activités du système musculaire : mouvements, postures, variations de tonus. Il y a aussi les réponses expressives qui sont particulièrement importantes ; par exemple, au niveau facial, en plus des réponses observables que sont les changements d'apparence produits par la contraction des muscles du visage, il existe aussi des modifications résultant de changements vasculaires et de tonus musculaire. Une autre catégorie de réponses concerne les réactions viscérales régies par le système nerveux autonome : rythmes respiratoire et cardiaque, changements vasculaires, réponses électrodermales, etc.

Un dernier aspect concerne l'expérience subjective de l'émotion qui comprend plusieurs éléments. Tout d'abord, il y a les sensations qui résultent d'un feed-back provenant des réactions propres aux systèmes de réponses qui viennent d'être mentionnés. L'expérience subjective se rapporte aussi aux souvenirs, aux images et aux attentes qui sont liés de façon générale à l'une ou à l'autre émotion de même qu'aux circonstances très particulières qui ont suscité l'émotion précise qui est en cours. De plus, il y a la conscience qu'a le sujet que les changements qui se produisent ne sont pas toujours faciles à maîtriser. L'expérience subjective consiste donc en des activités mentales qui comportent la perception, l'interprétation et l'évaluation de plusieurs éléments des réponses associées à l'état émotionnel de la personne qui l'éprouve. L'analyse de l'expérience subjective de l'émotion comprend un ensemble de problèmes théoriques et méthodologiques qui seront abordés plus loin.

1.3.3. Les composantes intermédiaires

Jusqu'à présent, nous avons décrit les composantes du processus émotionnel qui, en bonne partie, sont susceptibles d'être observées. Pourtant, une analyse plus complète de la séquence émotionnelle amène en plus à postuler l'existence de composantes intermédiaires entre les inducteurs et les réponses. Logiquement, il est plausible de distinguer deux entités au sein des composantes intermédiaires : la première se rapporte aux mécanismes qui assureraient le traitement des inducteurs ; la seconde renvoie au système qui gérerait les réponses émotionnelles.

Dans le premier cas, plusieurs auteurs postulent l'existence d'un mécanisme évaluateur (Ekman, 1992b ; Lazarus, 1991 ; Scherer, 1993b). Ce mécanisme d'analyse aurait comme fonction de traiter les stimuli de l'environnement et décider de leur pertinence émotionnelle non seulement en général, mais aussi quant à une émotion spécifique. Ainsi, en conséquence du fonctionnement du mécanisme évaluateur, il y aura activation de l'ensemble du système des réponses émotionnelles. La notion de mécanisme évaluateur demande à être nuancée étant donné qu'elle est classiquement associée à la tradition cognitive en émotion (Strongman, 1987). Or, l'une des controverses les plus persistantes porte justement sur le rôle nécessaire ou suffisant de la cognition dans le déclenchement de l'émotion (Izard, 1993). Il reste aussi à savoir si ce mécanisme évaluateur est direct et simple quant à sa capacité de mettre en branle le système maîtrisant les réponses émotionnelles ou s'il est plutôt indirect et complexe en faisant appel à plusieurs éléments du système cognitif. Nous nous attarderons sur ce point dans le deuxième chapitre.

Dans le second cas, Ekman a proposé, dès 1977, le concept de programme affectif comme entité de contrôle de l'ensemble des réponses propres à chaque émotion particulière. Ce concept s'associe à une conception du registre émotionnel qui postule l'existence d'un nombre limité d'émotions appelées fondamentales. Comme nous le verrons plus loin, cette conception est l'objet de discussions importantes actuellement et est loin de faire l'unanimité. Plusieurs auteurs estiment que le concept de programme affectif comporte une perspective trop rigide et invariante de la gestion par le système mental des diverses composantes du syndrome émotionnel. Ces questions reviendront lors de l'analyse de la notion d'émotion fondamentale.

Il faut noter que le concept de programme affectif et certaines propositions portant sur le fonctionnement du mécanisme évaluateur viennent de théoriciens adoptant une perspective évolutionniste. Cette tradition importante en psychologie de l'émotion (Candland, 1977) comporte tout naturellement des rapprochements avec les conceptions de la biologie du comportement, notamment l'éthologie. Il y a alors danger d'en revenir aux concepts à saveur innéiste et rigide de l'éthologie classique que sont le mécanisme inné de déclenchement et le patron moteur fixe (Doré, 1978 ; Eibl-Eibesfeldt, 1975). Ces derniers ont fait l'objet d'une profonde remise en question et peuvent représenter un dangereux retour en arrière pour la psychologie de l'émotion, si des nuances importantes ne sont pas apportées par certains théoriciens évolutionnistes (voir à ce sujet la discussion de Lewis et Michalson, 1983). Par contre, il n'en demeure pas moins nécessaire d'analyser de façon détaillée les mécanismes responsables de la gestion de l'ensemble complexe des réponses émotionnelles.

1.3.4. Conclusion

Une analyse descriptive du processus émotionnel ne peut remplacer une véritable définition ; elle permet tout de même de mieux cerner ce qui délimite l'émotion. En fait, une émotion n'est pas l'un des éléments décrits ou uniquement leur combinaison. Il faut plutôt se référer à un processus faisant appel à plusieurs composantes du système mental et à diverses structures de l'organisme tout entier. Cependant, les énoncés concernant l'agencement et l'importance relative de chacune des composantes ne font pas l'unanimité. Il en est de même au sujet des composantes à insérer ou non dans la description.

Certains auteurs (Izard, Kagan et Zajonc, 1984) ont déjà fait remarquer qu'il peut être rentable de ne pas avoir d'exigences trop strictes dans l'élaboration d'une définition de l'émotion, compte tenu du stade de développement du domaine. En effet, une définition précise aurait comme conséquence d'élever des frontières rigides entre les phénomènes. Or, à certaines étapes du développement des connaissances, il n'est pas évident qu'il soit opportun de fixer de telles frontières. Ainsi, on court le risque d'exclure de l'analyse des aspects qui pourraient ultérieurement se révéler essentiels à la compréhension de l'ensemble du processus. Donc, dans un secteur en pleine croissance comme la psychologie de l'émotion, il n'y aurait pas tant besoin de définitions strictes et formelles que d'une meilleure connaissance de ce que sont les processus essentiels et fondamentaux qui entrent en jeu dans toutes les émotions. La question est de savoir à quel moment un secteur a atteint un degré suffisant de développement pour ne plus se permettre d'occulter la nécessité de définitions formelles.

Une telle discussion peut se rapprocher des données recueillies par Russell et ses collaborateurs (Fehr et Russell, 1984, 1991 ; Russell, 1991a) qui laissent voir qu'une façon fructueuse d'envisager le concept d'émotion est en termes de prototypes plutôt que selon une approche classique visant une définition stricte. Cette conception implique que l'inclusion d'un phénomène dans le concept d'émotion est plutôt une question de degré que de «tout ou rien». En outre, il n'y aurait pas de limites rigoureuses qui sépareraient les entités incluses des entités exclues de la catégorie dite «émotion». Cependant, cette façon plus relâchée de délimiter l'émotion n'enlève pas la nécessité d'en arriver éventuellement à un certain consensus permettant de clairement déterminer une catégorie globale appelée «émotion».

1.4. *Les émotions fondamentales*

Comme nous l'avons vu plus haut, il est courant d'analyser les phénomènes émotionnels en se référant à une liste relativement limitée de catégories. Il devient alors pertinent d'élaborer des critères en vue d'identifier les membres de cette liste restreinte d'émotions. La façon la plus classique d'envisager cette tâche consiste à postuler l'existence d'entités émotionnelles appelées «fondamentales», «de base» ou, encore, «primaires». Selon ce point de vue, de telles émotions auraient une sorte de statut «spécial» qui leur conférerait le rôle de constituants premiers de la vie émotionnelle : aucun membre de ce petit groupe d'émotions ne serait décomposable en entités plus élémentaires et les émotions qui ne sont pas identifiées comme fondamentales seraient des mélanges d'émotions de base (Ortony et Turner, 1990). Cette question soulève actuellement de nombreuses controverses.

Même si quelques modèles cognitifs de l'émotion postulent maintenant des émotions primaires (Stein et Oatley, 1992), ce sont surtout les théoriciens se situant dans une perspective évolutionniste qui ont le plus développé la notion d'émotions fondamentales (Lazarus, 1991). En effet, ces derniers prétendent que l'évolution a joué un rôle central dans le façonnement des caractéristiques et des fonctions de ces émotions (Ekman, 1992b). Celles-ci tireraient leurs origines évolutives de leur contribution à la maîtrise adéquate des événements à la base de l'adaptation des individus et des espèces.

La valeur heuristique de la notion d'émotions primaires dépend d'abord de la capacité qu'ont ceux qui les estiment pertinentes de proposer une analyse cohérente permettant de déduire le nombre et l'identité des émotions fondamentales de même que les raisons pour lesquelles elles seraient à la base des autres émotions. Dans les faits, certains auteurs ont élaboré des propositions théoriques quant au nombre et à la nature des émotions dites «fondamentales» (voir le tableau 2).

Un examen du tableau 2, où sont énumérées les catégories émotionnelles primaires que proposent certains auteurs, indique que, malgré un accord sur l'identité de quelques émotions, il existe des différences considérables quant aux émotions postulées. En outre, les critères et principes d'inclusion sont très variés sans compter le nombre élevé de catégories dont le statut est incertain (voir l'analyse de Kirouac, 1994).

TABLEAU 2
**Liste des catégories émotionnelles
proposées par quatre théoriciens postulant
des émotions fondamentales**

Izard (1991)	Ekman (1992)	Plutchik (1980a)	Johnson-Laird et Oatley (1992)
intérêt	colère	peur	joie
joie	peur	colère	colère
surprise	dégoût	joie	peur
tristesse	tristesse	tristesse	tristesse
colère	(joie) [a] [c]	acceptation	dégoût
dégoût	(intérêt) [a]	dégoût	(désir) [a]
mépris	(mépris) [a]	attente	
peur	(surprise) [a]	surprise	
(honte) [a]	(culpabilité) [a]		
(timidité) [a]	(honte) [a]		
(culpabilité) [a]	[embarras] [b]		
	[respect] [b]		
	[excitation] [b]		

a. Émotions dont le statut d'émotion fondamentale est encore incertain selon le théoricien.

b. États affectifs dont l'analyse n'est pas encore assez avancée, selon Ekman, pour les considérer comme étant des émotions véritables.

c. Selon Ekman, les émotions positives englobées sous le terme « joie » pourraient être divisées en d'autres catégories avec le progrès des connaissances.

Il n'est donc pas étonnant que le concept même d'émotion fondamentale fasse l'objet de critiques vigoureuses. Ainsi, Ortony et Turner (1990) invoquent l'absence de fondements théoriques ou empiriques suffisamment solides pour appuyer cette notion. Une des principales réserves qu'ils émettent porte sur le fait que certaines des catégories émotionnelles proposées par les tenants des émotions fondamentales ne sont pas de véritables émotions : il s'agit particulièrement de la surprise et de l'intérêt qui, selon eux, consisteraient plutôt en des états cognitifs, dépourvus de la composante appétitive ou aversive inhérente à une véritable émotion (voir Lazarus (1991) pour une analyse comparable). Soulignée plus haut, la difficulté d'en arriver à un consensus sur une définition de l'émotion contribue certainement de façon majeure à cette divergence quant à l'inclusion ou non de certains états dans les phénomènes émotionnels. De plus, une analyse détaillée des postulats invoqués et des données à l'appui de l'existence des émotions de base conduit Ortony et Turner à conclure que cette existence relève plutôt de l'ordre des croyances que de celui de la démonstration scientifique.

De même, Scherer (1984) ne favorise pas l'appel à des émotions primaires parce que cette conception semble faire intervenir des patrons unitaires de réponses qui posséderaient une forte composante innée et dont le mode de fonctionnement en serait un de type «tout ou rien». Il estime plutôt que la structure des émotions est beaucoup plus flexible et permet une variabilité plus grande que celle définie par une simple liste restreinte d'émotions de base. Mandler (1984) soutient une position voisine : en effet, il ne voit pas la nécessité de réduire à une liste limitée d'émotions la multitude des possibilités engendrées par les résultats de l'évaluation cognitive des situations où se trouvent les sujets, mécanisme qu'il estime responsable de la genèse de l'émotion. Par ailleurs, Scherer (1993a) estime qu'il existerait un nombre plus limité d'émotions dites «modales» (au sens de la mesure statistique de tendance centrale appelée mode) qui se déclenchent plus souvent à la suite de la présence répétée des mêmes issues de l'évaluation cognitive.

Certains travaux axés sur l'anthropologie des émotions ont aussi soulevé des doutes sur la pertinence du concept d'émotions fondamentales. Une recension de Russell (1991b) indique, dans ce contexte, que le concept même d'émotion et les catégories classiques établies par les tenants des émotions fondamentales ne sont pas clairement universels. Ainsi, le terme «émotion» lui-même n'existe pas dans toutes les langues (mais dans celles où il n'existe pas, on pourrait relever des mots équivalents). De plus, plusieurs langues n'ont pas de termes émotionnels permettant de distinguer des catégories aussi usuelles que la colère et la tristesse.

Ce genre d'observations est très important pour ceux qui abordent les émotions dans la perspective dite du «constructivisme social» (Harré, 1986). Selon certains adhérents à cette conception, la première contribution faite aux états émotionnels se situe au niveau de la vie sociale propre à chaque culture, et c'est par le biais des pratiques linguistiques que se construirait tout particulièrement le monde émotionnel. C'est pourquoi Harré (1986) estime que le chercheur doit d'abord s'enquérir de la façon dont les termes émotionnels sont utilisés dans un milieu culturel donné. La priorité doit donc être accordée à l'atteinte d'une compréhension adéquate de la structure des vocabulaires émotionnels utilisés par les diverses cultures. Les différences culturelles obtenues dans ce genre de données ont nécessairement amené les chercheurs d'orientation constructiviste à rejeter la notion d'émotions primaires.

Cette approche pose cependant le problème de la relation entre le système de représentation véhiculé par le langage et la réalité des phénomènes émotionnels en tant que tels. D'ailleurs, plutôt que de se limiter au seul langage, Mesquita et Frijda (1992) mettent de l'avant une conception de l'émotion qui fait appel à plusieurs composantes et analysent les différences culturelles associées à l'émotion. Leur analyse met en évidence certaines différences culturelles, pour ce qui est notamment des inducteurs, de certaines dimensions de l'évaluation cognitive, des comportements manifestes et des processus de régulation. Cependant, ils dégagent aussi d'importantes constantes interculturelles à tous les niveaux. La variabilité qui semble ressortir des seuls vocabulaires émotionnels devrait être nuancée en conséquence.

En conclusion, la notion d'émotion fondamentale constitue l'un des concepts ayant récemment alimenté d'intéressantes discussions en psychologie de l'émotion. Une des retombées fructueuses des critiques soulevées est de forcer les tenants de ce concept à raffiner les assises de leurs propositions. Toutefois, cet effort de consolidation ne permet pas encore de se fixer définitivement sur l'avenir d'une telle façon de concevoir le registre des états émotionnels.

1.5. *L'approche dimensionnelle*

Jusqu'ici dans cet ouvrage, indépendamment du problème du statut des émotions dites «fondamentales», nous avons eu tendance à référer à des catégories telles que la peur ou la colère. C'est d'ailleurs ce que l'on retrouve dans la vie courante et de façon prédominante dans la littérature scientifique sur les émotions. Cette manière de voir s'appelle l'approche catégorielle. Il existe pourtant une autre conception dont l'origine, dans les écrits de Wundt, remonte au siècle dernier (Frijda, 1986). Il s'agit de l'approche dimensionnelle. Selon cette perspective, les phénomènes émotionnels peuvent se décrire et s'expliquer en faisant appel à un ensemble de dimensions élémentaires qui se combinent pour donner naissance à un état émotionnel quelconque. En conséquence, cette approche doit proposer une certaine liste de dimensions élémentaires et cette tâche ne fait pas l'unanimité. Néanmoins, les dimensions suivantes sont généralement mises de l'avant : plaisant/déplaisant, niveau d'activation et attention/rejet (voir l'analyse de Frijda, 1986). Il en découle que les différents états émotionnels ne seraient pas indépendants, mais seraient reliés les uns aux autres en fonction de leurs positions respectives sur chacune des échelles formées à partir des différentes dimensions.

Au sein du courant dimensionnel, Russell (1980) a proposé un modèle circulaire qui prétend que l'espace affectif peut être représenté efficacement par un cercle dans un espace bidimensionnel (plaisant/déplaisant et niveau d'activation). C'est dire que chaque émotion se situe sur un cercle construit en fonction des deux dimensions précitées (voir la figure 1). Russell rapporte plusieurs expériences qui s'accordent avec cette conception, notamment en ce qui a trait à l'expérience subjective de l'émotion et à l'expression faciale émotionnelle.

L'approche dimensionnelle et tout particulièrement le modèle circulaire qui en découle ont permis l'accumulation de données intéressantes (Larsen et Diener, 1992). Cependant, ce point de vue est encore minoritaire et moins productif que la perspective catégorielle. De plus, il demeure important de voir comment l'approche catégorielle peut se compléter par une contribution de la perspective dimensionnelle. Il appert que ce dernier point de vue est à préférer à une tentative de substituer une approche à l'autre.

2. L'expérience émotionnelle

Pour plusieurs, un aspect majeur qui se dégage dans toute analyse explicative de l'émotion est le rôle du vécu et du ressenti, ce qui constitue l'expérience émotionnelle. Cette composante essentielle, toute difficile qu'en soit l'étude, ne saurait être mise de côté à priori. Cependant, tout désir d'aborder l'émotion sous l'angle de l'expérience subjective se heurte à des difficultés d'ordre théorique et méthodologique se rapportant à la validité et à la justesse des données qui pourraient être recueillies.

En règle générale, l'analyse des données subjectives utilise comme véhicule de transmission le rapport verbal. Un tel rapport peut servir à deux fins : à indiquer la présence d'une émotion donnée ou encore à analyser le contenu du déroulement de

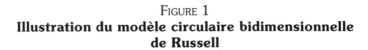

FIGURE 1
Illustration du modèle circulaire bidimensionnelle de Russell

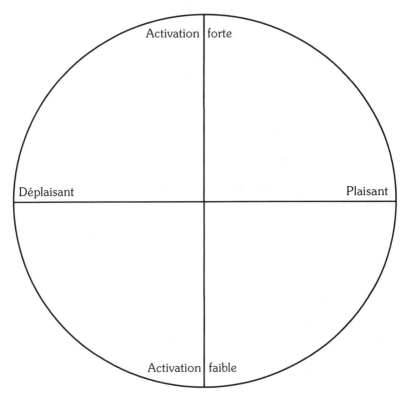

Les différentes émotions se situent à des endroits particuliers sur la surface selon l'intensité des deux dimensions.

l'expérience subjective de l'émotion. Dans les deux cas, le rapport subjectif portant sur la manière dont se sent la personne ou sur l'émotion ressentie, tout en étant une source d'information potentiellement utile, comporte des limites considérables et ne peut être utilisé sans précautions.

2.1. *L'approche phénoménologique*

Essentiellement, cette approche veut mettre l'accent sur l'étude des phénomènes subjectifs en faisant porter ses efforts sur l'individu et le caractère unique de son expérience vécue (Strongman, 1987).

Cette insistance mise sur la conscience, et l'expérience ne peut que bien s'accorder avec l'étude de l'émotion considérée sous l'angle de l'expérience subjective. Cependant, il importe de distinguer deux façons d'entrevoir une perspective phénoménologique. La première est de nature essentiellement théorique et peut se concevoir comme une façon particulière d'envisager et d'interpréter la relation entre l'organisme vivant et son environnement (Jennings, 1986 ; Thinès, 1980). Cette avenue théorique, trop vaste pour être explorée dans le cadre du présent ouvrage, propose une perspective différente dans l'interprétation des faits (Karlsson, 1990 et 1992). Elle s'intéresse aux mécanismes cognitifs responsables de la signification, pour le sujet, des événements et stimuli qu'il rencontre lors de ses interactions avec son milieu. Il s'agit, en quelque sorte, d'une étude de la réaction du sujet par rapport à son environnement en utilisant cette dimension qu'est le perçu personnel du sujet. Une telle démarche peut se comparer à l'approche de Jacob von Uexküll qui élabora la notion d'*umwelt* en psychologie animale (Doré, 1978). Le monde subjectif qui l'intéresse est inféré à partir de données objectives externes ; ce qui veut dire qu'une telle étude des phénomènes subjectifs ne peut être menée que de l'extérieur (Thinès, 1980). Il ne s'agit donc pas d'un retour à l'introspectionnisme et à l'intuition (Giorgi, 1983).

Le second aspect de l'étude phénoménologique se rapporte à la méthodologie de recherche. Il s'agit de procédures, souvent appelées «qualitatives» (de Rivera, 1984), qui prennent la forme de rapports verbaux élaborés et qui veulent refléter comment la personne fait l'expérience de son environnement quand elle éprouve une émotion spécifique. Implicitement, cette façon de procéder laisse entendre qu'il s'agit d'une façon d'accéder directement à la dimension interne de l'émotion qui est vécue par le sujet (Arcaya, 1979). Cette approche comporte plusieurs problèmes du strict point de vue de la méthodologie de recherche. Par ailleurs, elle n'est pas toujours très clairement articulée avec la dimension plus théorique de la phénoménologie (Thinès, 1980). Finalement, elle doit être nuancée par l'analyse théorique contemporaine portant sur l'accès aux processus conscients et aux données et procédures issues de la recherche sur les rapports verbaux.

2.2. La conscience est un système fermé à ressources limitées

Comme le note Mandler (1984), la conscience – endroit où, par définition, se produit l'expérience subjective en général (dont l'émotion) – possède des contenus qui ne sont pas accessibles à d'autres. Il est donc impossible de construire une psychologie phénoménale qui soit partagée ; seule une théorie de ces phénomènes subjectifs peut être partagée. Au contraire, la conscience privée, une fois qu'elle est exprimée en mots, en gestes ou qu'elle est extériorisée de quelque façon, est nécessairement une transformation de l'expérience privée. Comme les contenus de la conscience ne peuvent être disponibles à un observateur sans avoir été restructurés, réinterprétés et modifiés par les composantes propres à l'individu qui fait le rapport, ils ne sont pas directement accessibles en tant que données. C'est dans ce sens que l'on dit que la conscience est un système fermé (Dennett, 1991 ; Mandler, 1984).

Par ailleurs, l'ensemble des données fournies par la psychologie cognitive (Fortin et Rousseau, 1989) révèle que le système conscient possède des capacités limitées. Ainsi, l'acte conscient d'interroger son contenu conscient et l'organisation du résultat de cet examen par les structures responsables du rapport verbal doivent occuper une portion de ce que sont les capacités limitées du système. En conséquence, le contenu disponible est modifié par le processus même de l'interrogation et du rapport (Mandler, 1984). En outre, une difficulté supplémentaire vient de ce que les contenus de la conscience ne peuvent pas être simplement reproduits par une correspondance directe et une à une dans un rapport verbal. D'ailleurs, plusieurs auteurs pensent que, dans le cas particulier des phénomènes affectifs, le codage verbal n'est pas le véhicule le plus approprié pour la communication émotionnelle (Zajonc, 1980). En fait, le langage ne peut fournir une expression complète de l'expérience émotionnelle : c'est un instrument inapte à décrire les distinctions raffinées entre les émotions que nous pouvons observer dans notre conscience.

De toute façon, quel que soit le médium par lequel les contenus de la conscience sont exprimés, une théorie de la transmission est nécessaire et elle doit tenir compte du fait que cette transmission implique une transformation. Elle doit donc comporter des propositions qui relieraient les contenus de la conscience, leur transformation et leur rapport. Toutefois, cette théorie ne peut prédire exactement l'expérience privée étant donné que ces prédictions ne peuvent être vérifiées directement par le psychologue-observateur. En somme, comme le souligne Mandler (1984), l'analyse phénoménologique de l'émotion requiert deux conditions de la part du chercheur. Premièrement, une certaine humilité, étant donné l'imperfection des moyens qui sont à sa disposition. Deuxièmement, l'élaboration d'une formulation théorique qui fournirait des propositions vérifiables quant aux transformations qu'implique le cheminement des contenus de la conscience vers une expression verbale externe.

2.3. Les rapports verbaux sur les processus mentaux

Même s'ils ne s'intéressent pas directement à l'émotion et ne s'appuient pas sur l'analyse théorique précédente, Nisbett et Wilson (1977) et Wilson (1985) font une recension de recherches qui montrent bien la difficulté d'utiliser les rapports verbaux comme moyen d'accès aux processus cognitifs supérieurs. Les données révèlent que, souvent, les sujets ne se rendent pas compte de l'existence d'un stimulus qui a influencé une réponse de façon importante. Parfois, les sujets ne reconnaissent pas avoir fait la réponse qu'ils ont exécutée à la suite des manipulations expérimentales. Finalement, même quand ils peuvent faire rapport de l'existence des réponses, les sujets ne rapportent pas qu'un changement s'est produit, c'est-à-dire qu'une réponse liée à une évaluation ou à une attitude a subi des changements. Selon Nisbett et Wilson (1977) et Wilson (1985), toute tentative de rapporter ses processus cognitifs (par exemple, les processus qui sous-tendent les effets d'un stimulus sur une réponse) ne se fait pas d'après une véritable introspection. Elle opère plutôt à partir d'un jugement du caractère plausible de l'effet d'un stimulus sur une réponse donnée. Donc, il peut être trompeur de demander à des sujets de rapporter verbalement leurs processus mentaux.

Pourtant, Ericsson et Simon (1980 et 1984) ont proposé un modèle qui serait capable de préciser les caractéristiques de rapports verbaux pouvant servir de données fiables. Pour eux, des rapports verbaux, déclenchés avec soin et interprétés avec une parfaite compréhension des circonstances où ils furent obtenus, s'avèrent une source valable et fiable d'information au sujet des processus cognitifs. Ils estiment qu'un facteur important à considérer est le temps écoulé entre le moment où le rapport verbal est demandé au sujet et celui où le processus cognitif qui fait l'objet d'intérêt s'est déroulé. La raison de cette importance du temps écoulé viendrait de ce que, étant donné la capacité limitée de la mémoire à court terme, seule l'information qui a fait l'objet d'une attention très récente serait directement accessible. Par la suite, seule la portion du contenu de la mémoire à court terme qui est fixée dans la mémoire à long terme pourra éventuellement être récupérable. C'est donc dire que le moment de la production du rapport verbal permettra d'avoir une idée quant à la sorte de mémoire (à court ou à long terme) qui est la source du contenu du rapport verbal.

Par ailleurs, Ericsson et Simon (1980 et 1984) font une distinction entre deux procédures de rapport verbal. Dans la première, le rapport verbal constitue une présentation directe du matériel emmagasiné dans la mémoire. Dans la seconde, le matériel emmagasiné en mémoire sert à alimenter des mécanismes intermédiaires, comme l'abstraction ou l'inférence, et le rapport verbal est la résultante de ce traitement intermédiaire. Dans ce dernier cas, il s'agit donc de rapports non directement liés aux traces mnémoniques qui font l'objet d'intérêt. Le rapport verbal ne saurait alors être un reflet des processus cognitifs que l'on désire analyser. Cela signifie que des rapports verbaux inconsistants pourraient résulter de ce que le sujet reçoit des indices trop vagues ou trop généraux de sorte que sa mémoire à long terme récupère de l'information qui est reliée, mais non identique, à ce qui a préalablement été emmagasiné. Il se peut aussi que les sujets utilisent des processus intermédiaires afin de déduire de l'information manquante en vue de satisfaire aux demandes de rapports verbaux. Dans ce dernier cas, il faut conclure que le rapport erroné provient de ce que la mémoire ne renferme pas les renseignements demandés ; il ne s'agit donc pas d'une contradiction entre les contenus mnémoniques et les rapports verbaux : lorsqu'une information quelconque ne se trouve pas en mémoire, elle ne peut pas faire l'objet d'un rapport verbal.

Finalement, la justesse de l'information à rapporter verbalement étant dépendante de sa représentation mnémonique, toute interruption du flot attentionnel peut nuire à l'enregistrement de l'information dans la mémoire. Selon Ericsson et Simon, les émotions sont des causes particulièrement importantes de perturbation de l'attention, donc de l'entrée dans la mémoire de matériel qui peut éventuellement faire l'objet d'un rapport.

En conclusion, ce modèle fournit certains critères permettant de déterminer quand un rapport verbal devrait davantage refléter une expérience subjective inscrite dans la mémoire du sujet plutôt que la reconstruction de ce qui pourrait s'être passé à ce moment-là. Cependant, cela ne signifie pas que des rapports verbaux qui respectent les prescriptions du modèle proposé par Ericsson et Simon fournissent un accès direct permettant de partager les phénomènes subjectifs émotionnels (Mandler, 1985, voir aussi Ericsson et Crutcher, 1991). Le respect de ces exigences lors de l'établissement de rapports verbaux permet plutôt de s'assurer d'obtenir un contenu verbal favorisant la production d'*inférences* théoriques (Hebb, 1980) sur les contenus de l'expérience subjective des sujets.

2.4. La mesure de l'émotion par des rapports verbaux

Compte tenu de la portée et des limites de l'utilisation des rapports verbaux que nous venons d'aborder, il existe certaines procédures qui sont habituellement utilisées pour recueillir des indices verbaux de l'émotion. En pratique, comme nous l'avons mentionné plus haut, la technique des rapports verbaux permet d'accéder à deux types de données au sujet de l'émotion. Dans un premier cas, il s'agit d'une information portant sur la présence ou l'absence d'une émotion donnée et sur la présence concomitante d'autres entités émotionnelles. Dans le second cas, il s'agit de procédures visant à recueillir des données au sujet de l'expérience subjective particulière à une émotion qui est en cours (il n'est donc plus question ici d'indices de la présence ou de l'absence d'une émotion).

2.4.1. Indices de la présence d'une émotion : les questionnaires

Les questionnaires fournissent, généralement par l'intermédiaire de listes d'adjectifs, des données concernant l'état émotif à un moment précis. Ce genre de mesure est particulièrement approprié pour les cas où le chercheur désire savoir si une émotion précise est présente ou, encore, si d'autres entités émotionnelles que celle qui fait l'objet d'intérêt sont aussi impliquées. Ces questionnaires peuvent aussi servir à évaluer l'état subjectif d'un sujet à plusieurs reprises lors d'une situation donnée.

Ces mesures peuvent varier considérablement quant à leur longueur (de quelques termes jusqu'à 300 mots) et quant à leur composition. La qualité métrique de ces instruments n'est guère établie et la procédure d'administration n'est pas usuellement standardisée (voir la recension de Plutchik, 1980a). Néanmoins, il est de toute première importance de considérer les instructions qui sont données aux sujets. De plus, dans le cas des questionnaires qui ne s'appuient pas sur un modèle théorique précis, il est difficile de savoir quelle est l'équivalence des différentes échelles étant donné qu'elles ne découlent pas nécessairement d'un contexte conceptuel comparable. En outre, compte tenu du fait que plusieurs échelles comportent un nombre considérable d'éléments, il s'ensuit une difficulté liée à la manière de réduire ces échelles à un petit nombre de dimensions de base. Finalement, les données sur la fidélité de ces instruments sont, à toutes fins utiles, inexistantes.

Par ailleurs, les instruments de mesure qui sont fondés sur une théorie formelle de l'émotion risquent de fournir une meilleure garantie métrique. C'est le cas notamment du Differential Emotions Scale élaboré par Izard (1977, 1991). Ce questionnaire offre un cadre interprétatif qui découle de propositions théoriques portant sur les relations entre les diverses émotions et les critères pertinents à la nature des émotions dites «fondamentales» (voir le tableau 3). Il existe certaines indications quant à sa validité et à sa fidélité bien que, pour le moment, il faille reconnaître que la démarche de validation reste à compléter (Boyle, 1986 ; Boyle et Katz, 1991).

Finalement, il faut mentionner brièvement l'existence de mesures de l'anxiété et du stress. Plusieurs d'entre elles ont fait preuve de qualités métriques respectables (Mandler, 1984 ; Lemyre et Tessier, 1988 ; Gauthier et Bouchard, 1993). Il en est de même pour plusieurs échelles utilisées en thérapies béhaviorales (Carlson, Collins, Stewart, Porzeleus, Nitz et Lind, 1989 ; Kurykendall, Keating et Wagaman, 1988). Mais compte tenu des objectifs plus globaux de cette sous-section, de telles mesures ne permettent évidemment pas d'envisager une estimation de la totalité de l'expérience émotionnelle.

TABLEAU 3
Le Differential Emotions Scale de Izard
(traduction de P. Philippot, 1993)

	Pas du tout			Tout à fait
1. Attentif(ve), concentré(e), alerte				
2. Amusé(e), joyeux(se), gai(e)				
3. Triste, déprimé(e), cafardeux(se)				
4. En colère, irrité(e), révolté(e)				
5. Apeuré(e), effrayé(e), terrifié(e)				
6. Anxieux(se), tendu(e), nerveux(se)				
7. Dégoûté(e), écœuré(e), répugné(e)				
8. Dédaigneux(se), méprisant(e)				
9. Surpris(e), étonné(e), stupéfié(e)				
10. Heureux(se), exalté(e), épanoui(e)				

2.4.2. Indices du déroulement de l'expérience émotionnelle

Dans le cas du déroulement de l'expérience émotionnelle, l'objectif de ces mesures, qui prennent la forme de rapports verbaux, est d'en arriver à des inférences concernant le contenu, la fréquence et l'organisation des phénomènes subjectifs qui accompagnent divers états émotionnels (Meichenbaum et Butler, 1980). Encore là, il est bon de rappeler que nous parlons de techniques permettant de faire des *inférences*, étant donné le problème qui a déjà été abordé au sujet de l'accès qu'a un individu à ses propres activités subjectives et la difficulté d'évaluer le caractère véridique des rapports subjectifs. D'ailleurs, puisque chacune des procédures proposées présente des forces et des faiblesses qui lui sont propres, il est préférable de combiner plusieurs méthodes dans le but d'en arriver à une meilleure inférence de l'expérience subjective.

Comme le font remarquer Meichenbaum et Butler (1980), la meilleure façon de considérer les différentes catégories de rapports verbaux sur l'expérience émotionnelle consiste à les aborder selon le moment où ils sont recueillis, c'est-à-dire après, pendant et avant la situation émotionnelle.

1° Les rapports consécutifs à la situation émotionnelle

Dans le cas de rapports consécutifs à la situation émotionnelle, le chercheur ne peut s'assurer que le sujet a réellement eu les expériences subjectives qu'il rapporte verbalement au moment où il était exposé à la situation. Il est, en effet, possible que le rapport constitue des déductions d'expériences subjectives que le sujet estime qu'il aurait dû éprouver au moment où il était dans la situation. L'utilisation d'une telle procédure doit donc se faire en se rappelant les prescriptions du modèle d'Ericsson et Simon (1980, 1984) : le temps écoulé est un paramètre important dans la fiabilité des rapports verbaux.

Il faut donc prévoir que ce type de rapport puisse contenir des éléments réellement liés à l'expérience subjective, des éléments plus facilement remémorés que d'autres et, enfin, des réactions que le sujet estime plausibles à la suite de l'interrogation sur son expérience subjective passée. En outre, on peut supposer que les sujets peuvent ne pas prendre conscience de certaines expériences subjectives dans des situations familières et, ainsi, ne pas être en mesure de les rapporter.

En plus de questionnaires (Pekala et Wenger, 1983) comme ceux que nous avons mentionnés plus haut, deux techniques particulières peuvent être envisagées dans le cadre de la présente catégorie de rapports. La première, appelée enregistrement des pensées, consiste à dresser la liste de tout ce qui est venu à l'esprit du sujet, quand il était dans la situation émotionnelle. Quant à la seconde, il s'agit de demander au sujet de visionner l'enregistrement magnétoscopique de la situation émotionnelle antérieure et de tenter de reconstituer, le plus facilement possible, les expériences subjectives qui se sont déroulées à ce moment-là (Otto et Schmitz, 1986 ; Asendorpf, 1987).

2° Les rapports concomitants à la situation émotionnelle

Dans le cas des rapports concomitants, la procédure consiste à recueillir les rapports verbaux au moment même où le sujet vit la situation émotionnelle. C'est donc un rapport qui est effectué *in vivo*. Deux méthodes peuvent alors être considérées. Dans la première, le sujet doit verbaliser toutes les expériences subjectives qu'il éprouve pendant qu'il est dans la situation émotionnelle : il s'agit d'une procédure dite de «pensée tout haut» (Ericsson et Simon, 1984). L'utilisation d'une telle méthode (Sylvain et Ladouceur, 1992 ; Davison, Robins et Johnson, 1983) demande normalement que les sujets subissent un entraînement préalable. Toutefois, ce ne sont pas toutes les situations qui peuvent s'accommoder d'une technique de ce genre. Ainsi, dans le cas des situations émotionnelles qui comportent des interactions sociales (c'est souvent le cas), il pourrait s'avérer très difficile d'utiliser cette technique. En outre, compte tenu des capacités limitées du système conscient humain (voir plus haut), il est plausible de croire que la demande faite aux sujets de «penser tout haut» puisse influer à la fois sur le déroulement du contenu conscient et sur l'opération concomitante d'examen de ce contenu conscient. Il y a en plus l'impact possible de cette procédure sur le comportement manifeste du sujet dans la situation. Cette dernière possibilité peut être très pertinente dans le cas de situations impliquant des interactions sociales.

Une deuxième méthodologie consiste à prendre en quelque sorte un échantillon de l'expérience subjective du sujet en lui demandant un rapport verbal à certains moments pendant une situation émotionnelle : il s'agit de la technique dite «d'échantillonnage de pensée» ou «d'interruption de tâche». Il s'agit, à ce moment-là, ou bien d'indiquer au sujet, à certains intervalles durant la situation, d'enregistrer son état subjectif, ou bien d'interrompre le sujet en lui demandant quelles pensées il vient tout juste d'avoir (Hurlburt, Lech et Saltman, 1984), ou bien de prescrire au sujet d'indiquer, de lui-même, à quel moment il a pressenti une catégorie quelconque d'état subjectif. Cette dernière procédure peut s'exécuter en fournissant au sujet une série de clés dont chacune correspond à la catégorie d'états subjectifs qui font l'objet d'intérêt. Ici encore, la nature souvent sociale des situations émotionnelles peut rendre difficile l'utilisation de ces techniques.

3° Les rapports antérieurs à la situation émotionnelle

Ce genre de mesure qui concerne les rapports antérieurs, plutôt que de viser à inférer l'expérience subjective associée à une situation émotionnelle réellement vécue par le sujet, vise à prédire l'expérience subjective avant que le sujet soit soumis *in vivo* à la situation. En d'autres termes, il s'agit, par exemple, de décrire au sujet une situation potentiellement inductrice d'une émotion et de lui demander de rapporter verbalement quel serait, d'après lui, le déroulement de son expérience subjective. Cette démarche, à elle seule, ne saurait satisfaire aux exigences d'une étude de l'expérience subjective liée à l'émotion. Combinée à d'autres mesures, elle est susceptible de jouer un rôle d'appui à l'éventuel matériel recueilli pendant ou après la soumission du sujet à la situation émotionnelle. La valeur prédictive d'une telle procédure ressort bien de la recherche de Mahoney et Avener (1977) où il est démontré que les rapports verbaux prévoyant l'état subjectif de gymnastes lors de compétitions permettaient de distinguer ceux qui réussiraient de ceux qui échoueraient cette compétition.

4° Conclusion

Ces techniques n'ont pas été très utilisées dans le cadre de recherche portant sur des situations *in vivo* où une émotion spécifique est induite. Nous savons peu de choses sur le déroulement de l'expérience subjective lors d'émotions induites en dehors du contexte clinique. Plusieurs raisons peuvent être invoquées pour expliquer cet état de fait. Une première réside dans la lenteur des développements de la recherche fondamentale en psychologie de l'émotion de même que la longue histoire du discrédit de l'analyse des phénomènes subjectifs en général. Cependant, il y a une raison beaucoup plus pratique qui entre en jeu. Il s'agit des difficultés méthodologiques qui caractérisent l'élaboration de situations inductrices d'émotions spécifiques qui soient fiables et idoines et dont nous parlerons dans la prochaine section.

En outre, il reste à voir de quelle façon on pourrait effectuer l'analyse des données qui résulteraient de ces procédures basées sur le déroulement continu de l'expérience subjective. Une possibilité consisterait à utiliser les méthodes préconisées par les adeptes de la psychologie dite « phénoménologiste » (De Rivera, 1984 ; Giblin, 1983) tout en s'assurant de prendre les précautions méthodologiques classiques telles que l'entraînement et l'accord entre les codeurs (Ericsson et Simon, 1984).

3. Les situations inductrices d'émotions

Comme nous l'avons mentionné précédemment, une façon efficace d'analyser l'émotion consiste à utiliser des procédures d'induction en laboratoire. Des travaux de ce genre permettraient d'apporter des éléments de réponses à bon nombre de questions que se posent actuellement les spécialistes de l'émotion. En fait, l'analyse des situations inductrices répond à des impératifs à la fois méthodologiques et théoriques. D'une part, pour évaluer quels sont les comportements et les autres composantes qui caractérisent une émotion donnée, il faut s'assurer du caractère inducteur spécifique des manipulations auxquelles les sujets sont soumis. En règle générale, les chercheurs identifient plutôt intuitivement les situations potentiellement génératrices d'émotions, car ils ne disposent d'aucun critère qui permettrait de procéder à une identification systématique. D'autre part, au point de vue théorique, cet aspect gagnerait à être approfondi étant donné que l'explication de la façon dont se déclenche le processus émotionnel soulève de nombreuses controverses.

3.1. *L'analyse des antécédents de l'émotion*

Une première étape à franchir consiste à faire une analyse, au moyen de questionnaires par exemple, de descriptions de situations qui pourraient constituer de bons inducteurs d'émotions spécifiques. Il a fallu un certain temps avant que l'on procède à ce type d'analyse et ce, en raison de l'opinion véhiculée pendant longtemps par plusieurs chercheurs importants dans le domaine selon laquelle les énormes différences individuelles concernant les éléments déclencheurs d'une émotion donnée rendent pratiquement impossible l'étude des situations inductrices (Ekman, 1972, 1973 ; Izard, 1977 ; Tomkins, 1962). Plus récemment, des nuances considérables ont été apportées par ces auteurs (Ekman, 1992b ; Izard, 1991).

C'est au cours des années 80 que des publications ont abordé l'analyse des caractéristiques de situations pouvant induire des émotions. Les travaux de Schwartz et Weinberger (1980) ont révélé que des sujets pouvaient identifier correctement l'émotion que décrivaient des situations qui avaient été imaginées par d'autres sujets. On a constaté que, pour chaque catégorie de situation, la catégorie émotionnelle attendue se trouvait usuellement celle qui prédominait dans les jugements. Cependant, les résultats ont aussi indiqué que les situations n'étaient pas complètement homogènes : elles s'associaient plutôt à plusieurs émotions parmi lesquelles l'émotion attendue obtenait le score le plus élevé. Les catégories émotionnelles étudiées étaient la joie, la tristesse, la peur, la colère, la dépression et l'anxiété.

De la même façon, certaines données laissaient voir la présence de constantes interculturelles en ce qui a trait à la reconnaissance de situations inductrices. Boucher et Brandt (1981) ont démontré que des sujets américains jugaient tout aussi bien des situations produites par des sujets malais que celles provenant de leurs compatriotes. Il semble donc que la signification des antécédents émotionnels ne varie pas en fonction de la culture. Ces conclusions valent pour les émotions suivantes : la joie, la surprise, la peur, le dégoût, la colère et la tristesse. Une seconde étude (Scherer, Summerfield et Wallbott, 1983), menée auprès de ressortissants de cinq pays européens, a indiqué que les sujets de toutes ces cultures évoquent généralement les mêmes événements contextuels pour décrire les émotions suivantes : la joie, la tristesse, la peur et la colère. Selon Scherer et Wallbott (1994), cette conclusion vaut maintenant pour 37 pays répartis sur les cinq continents.

Pour leur part, Doré et Kirouac (1985 et 1986) ont vérifié si l'identification de l'émotion véhiculée par des descriptions verbales de situations inductrices d'émotions est stable dans le temps. Ils se sont de plus intéressés à la spécificité des émotions associées à ces situations. Dans une première recherche, ces auteurs se sont préoccupés de la reconnaissance de l'émotion illustrée dans des situations construites d'après l'analyse théorique de six émotions (joie, surprise, peur, dégoût, colère et tristesse) par quatre auteurs (Ekman et Friesen, 1975 ; Izard 1977 ; Plutchik, 1980a ; Tomkins, 1962, 1963). En général, les taux de reconnaissance étaient élevés et fidèles (méthode de test-retest).

Lors d'une seconde recherche, Doré et Kirouac (1986) ont utilisé une autre méthode pour élaborer des situations illustrant les catégories émotionnelles précédentes. Il s'agissait d'histoires brèves écrites et résumées par des individus non spécialistes de l'émotion. Les auteurs ont constaté que ce matériel donnait aussi lieu à des taux de reconnaissance élevés et fidèles. Les résultats ont en outre indiqué que chaque élément possédait de forts niveaux de spécificité : il renvoyait clairement à une émotion précise. De plus, l'intensité de l'émotion reliée à chaque situation s'est avérée élevée. Enfin, il a semblé que, de façon générale, les jugements d'intensité étaient fidèles.

3.2. *L'induction* in vivo

Les résultats des recherches que nous venons de rapporter révèlent des données intéressantes sur l'existence de situations qui suscitent un consensus important quant à leur pouvoir évocateur d'émotions spécifiques. Cependant, même s'il s'agit là de signes encourageants, rien n'indique encore que ce matériel réussira vraiment à provoquer des émotions réelles chez des sujets directement soumis à des reconstitutions *in vivo*. Plusieurs catégories de manipulations peuvent être utilisées pour induire des émotions (Martin, 1990 ; Gerrards-Hesse, Spies et Hesse, 1994). Nous allons maintenant en analyser quelques-unes.

Une première catégorie de procédures fait appel au travail de l'imagination des sujets par le biais de l'imagerie mentale ou encore d'énoncés évocateurs. Ainsi, dès les années 70, Schwartz et ses collaborateurs ont utilisé une procédure où les sujets devaient imaginer des scènes propres à certains états émotionnels (Schwartz, Weinberger et Singer, 1981 ; Schwartz, Fair, Mandel et Klerman, 1976a et b). Ces études visaient alors à analyser deux types de réponses concomitantes à l'émotion : des réactions cardiovasculaires et l'activité électromyographique au niveau facial. Depuis, d'autres auteurs ont régulièrement utilisé cette technique pour étudier plusieurs facettes de l'émotion (Gollnisch et Averill, 1993 ; Smith 1989 ; Lazarus et Smith, 1988 ; Miller, Levin, Kozak, Cook, McClean et Lang,1987). Cette méthodologie exige cependant que le sujet soit assis, immobile et les yeux fermés ; elle ne favorise donc pas l'expression manifeste de plusieurs comportements associés à l'émotion.

Par ailleurs, Velten (1968) a élaboré une procédure servant notamment à induire des états de joie et de tristesse. Il s'agissait de faire lire aux sujets des énoncés dénotant ces deux états émotionnels. Très utilisée, la technique de Velten a fait l'objet de nombreuses critiques (voir les recensions de Berkowitz et Troccoli, 1986 et de Kenealy, 1986). Le problème majeur de cette procédure réside dans la possibilité que les réactions des sujets soient la résultante de réponses à des consignes implicites.

D'autres chercheurs préconisent l'utilisation de l'hypnose (Gillegan et Bower, 1984 ; Weiss, Blum et Globerman 1987). Cette technique peut comporter de multiples avantages, particulièrment lorsque l'objet de la recherche est d'étudier l'état émotionnel comme variable indépendante. C'est le cas notamment des recherches visant à étudier l'effet de l'émotion sur diverses fonctions cognitives. Le recours à la suggestion hypnotique permet d'induire et de maintenir de façon efficace et fiable des états affectifs. En fait, les sujets sous hypnose s'immergent complètement dans l'état suggéré à un tel point que des changements physiologiques réels surviennent. Toutefois, compte tenu du fait que les sujets sont alors hautement influençables par la suggestion, on peut s'interroger, comme dans le cas de la technique de Velten, sur le rôle joué par les consignes implicites (Friswell et McConkey, 1989).

Depuis peu de temps, une procédure d'induction qui semble redevenir populaire est l'utilisation de films (Philippot, 1993 ; Hess, Banse et Kappas, soumis ; Gross et Levenson, sous presse). Depuis les travaux de Lazarus dans les années 60, cette technique avait continué d'être utilisée de façon plutôt sporadique (Ekman, Friesen et Ancoli, 1980 ; McHugo, Smith et Lanzetta, 1982). Pourtant, l'utilisation de films offre plusieurs avantages : notamment sur le plan de la validité écologique en ce qu'ils se rapprochent de scènes de la vie réelle présentées de façon dynamique et potentiellement contrôlées dans leur longueur et leur déroulement. Jusqu'à récemment, il manquait un répertoire standardisé de courts extraits de films (quelques minutes) dont la valeur évocatrice spécifique de plusieurs émotions distinctes soit adéquatement démontrée. Philippot (1993) de même que Gross et Levenson (sous presse) rapportent des données prometteuses à ce sujet. Malgré quelques problèmes, particulièrement sur le plan de la spécificité de l'émotion visée, ces auteurs peuvent prétendre disposer d'un matériel filmé suffisamment évocateur. Les données de Philippot (1993) portent sur cinq émotions et ont été recueillies auprès de sujets francophones. Quant à Gross et Levenson (sous presse), leurs données proviennent d'un ensemble de sujets plus hétérogènes sur le plan culturel qui ont été soumis à un répertoire de films beaucoup plus diversifié relativement à sept émotions. Il reste à voir jusqu'à quel point l'utilisation de ces matériels inducteurs sera fructueuse.

Par ailleurs, une possibilité intéressante réside dans le recours à des acteurs à qui l'on demande d'interpréter des scénarios. Ce procédé comporte des avantages réels. Tout d'abord, ces individus ont développé des habiletés particulières à ressentir des émotions (Izard et Izard, 1980 ; Rusalova, Izard et Simonov, 1975), ce qui facilite l'induction d'émotions et l'obtention de plusieurs indices de la présence de ces dernières. De plus, comme leur travail habituel consiste à ressentir et à exprimer des émotions, ils ne risquent guère, contrairement à d'autres sujets, d'être perturbés.

Une recherche récente (Gosselin, Kirouac et Doré, 1992) a fait appel à des comédiens qui ont interprété divers scénarios pertinents à six émotions (joie, surprise, peur, dégoût, colère et tristesse). Plusieurs évaluations de l'état subjectif des comédiens lors des interprétations ont été effectuées immédiatement après l'interprétation d'un scénario, 40 à 60 minutes plus tard lors du visionnement de l'enregistrement magnétoscopique réalisé lors des interprétations et, finalement, deux mois plus tard. Plusieurs indices de l'efficacité de la manipulation émotionnelle ont alors été recueillis : il s'agit de l'intensité de l'émotion visée, de la spécificité de l'interprétation (c'est-à-dire l'intensité des émotions non visées par le scénario) et de la concordance entre les évaluations. Les résultats indiquent que, chez les comédiens, ces mesures sont très stables dans le temps. Enfin, une dernière étape consistait à vérifier si des juges indépendants s'accorderaient entre eux quant à la nature et à la spécificité de l'émotion véhiculée lors des instants préalablement validés par les évaluations multiples des acteurs. Les résultats obtenus révèlent également une très forte entente entre les juges, laquelle recoupe celle observée chez les acteurs. L'ensemble de cette démarche confirme fortement la possibilité d'induire des émotions précises.

Finalement, une façon plus classique d'induire des émotions consiste à manipuler systématiquement le contexte auquel sont exposés les sujets. Les recherches privilégient en particulier les interventions au sujet des paramètres sociaux de l'environnement (Ax, 1953 ; Schachter et Singer, 1962 ; Polivy, 1981). Ainsi, le recours à un complice de l'expérimentateur proférant des insultes est une modalité classique utilisée en vue de provoquer la colère. Cependant, en règle générale, ces recherches n'ont pas analysé la valeur émotionnelle précise inhérente aux manipulations inductrices. Il aurait donc été pertinent de bien analyser la nature des états émotionnels que des juges pensent voir déclencher par la situation. À cet égard, il est intéressant de relever les résultats qu'a obtenus Polivy (1981). Cette auteure, dans le cadre de quatre expériences visant à analyser la spécificité de l'émotion induite par les manipulations utilisées, constate que chacune des procédures engendre un mélange d'émotions plutôt qu'un seul état émotionnel spécifique. Il pourrait donc être difficile d'élaborer des situations «pures» quant à leur pouvoir inducteur.

Cependant, il faut noter que, en général, ces recherches n'ont pas poussé la prise d'indices permettant d'inférer la présence de l'état émotionnel qu'aurait provoqué la situation. Compte tenu de la difficulté de cerner l'émotion (voir plus haut), il semble qu'une méthodologie adéquate consisterait à suivre les recommandations d'Ekman (1982). Ce dernier propose de recueillir des mesures multiples et d'en vérifier la concordance avant de se prononcer sur la présence d'une émotion donnée. Ainsi, le jugement de la présence d'une émotion précise résulterait de la concordance entre les indices suivants: 1) une évaluation à priori par plusieurs juges de l'émotion qui devrait être suscitée par la situation; 2) le rapport verbal *in vivo* du sujet; 3) le rapport verbal à posteriori du sujet lors du visionnement de la situation antérieurement filmée. Malheureusement, il est difficile de trouver des recherches publiées qui rapportent des résultats issus de l'utilisation de situations inductrices où l'évidence de la présence d'une émotion précise découle de l'utilisation d'indices multiples et concordants.

Un dernier aspect reste à considérer et il risque de mettre en péril toute tentative d'induire des émotions lors de situations *in vivo* tout idoine que soit la méthodologie: il s'agit des exigences d'ordre déontologique. En effet, les prescriptions des codes d'éthique ne favorisent pas des manipulations qui visent à provoquer des émotions telles la colère, la tristesse ou la peur. Ainsi, Marshall et Zimbardo (1979) rapportent une recherche dans laquelle seule une condition dite «d'euphorie» est utilisée parce que le comité de déontologie de la recherche de leur unité n'a pas autorisé l'utilisation d'une procédure de colère. Les émotions positives, quant à elles, n'apparaissent pas susceptibles de subir les mêmes contraintes.

C'est donc dire qu'une première voie permettant de contourner les problèmes déontologiques consisterait à orienter les recherches vers l'étude des émotions positives. Une telle décision permettrait de tenir compte des remarques de Averill (1980) qui constate la prédominance des recherches qui s'intéressent aux émotions négatives. Quant à ces dernières, il pourrait être intéressant d'utiliser des situations cliniques. En effet, de telles conditions risquent fort de comporter l'évocation d'émotions négatives intenses. Nous pensons, par exemple, à des sujets phobiques qui suivent une thérapie béhaviorale. Ce genre d'interventions s'accompagne usuellement de nombreuses mesures comportementales et, aussi, subjectives (Bellack et Hersen, 1988). Il deviendrait assez facile d'utiliser plusieurs mesures de l'état émotionnel sans intervenir de façon majeure dans le déroulement normal de l'intervention thérapeutique. Cependant, il faut s'interroger sur la représentativité de ce genre de sujets. Les émotions qu'ils éprouvent équivalent-elles à celles des sujets ordinaires lors d'interactions sociales dans la vie courante ?

En conclusion, l'élaboration de situations inductrices adéquates demeure un impératif en psychologie de l'émotion. Des progrès récents montrent la possibilité d'en arriver à des succès dans ce domaine. Certaines recommandations méthodologiques, si elles sont suivies, permettront de mieux valider les futures situations inductrices. Cependant, chaque procédure a ses limites et ne saurait suffire à elle seule. C'est pourquoi il faut recourir à l'assemblage combiné des résultats obtenus par plusieurs méthodologies afin d'en arriver à des conclusions plus fermes quant à la nature des processus qui entrent en jeu dans le déclenchement et le déroulement des états émotionnels.

ÉMOTION, COGNITION ET ACTIVITÉ PÉRIPHÉRIQUE

Depuis très longtemps (Hilgard, 1980 ; Scherer, 1989a), l'analyse psychologique a organisé son étude du fonctionnement mental de l'être humain en le divisant en grandes facultés. Parmi ces dernières, on retrouve notamment la cognition et l'émotion (affection ou affectivité). Le problème consiste donc à déterminer les relations qui existent entre ces grandes entités. À ce propos, Hilgard (1980) a montré que, dans une forte mesure, la psychologie cognitive contemporaine tend à englober ce qui, historiquement du moins, apparaît comme des aspects séparés au sein des mécanismes de contrôle du comportement. C'est le cas tout particulièrement de l'émotion. D'ailleurs, il importe de mentionner que, dès 1980, Norman estimait qu'une des questions fondamentales auxquelles devait répondre la science cognitive pour mieux remplir son rôle portait justement sur la nature de l'émotion. Il ne faut donc pas s'étonner que l'un des problèmes les plus d'actualité en psychologie de l'émotion soit justement la nature des relations entre l'émotion et la cognition. Ce débat a été ravivé de façon intense par Zajonc (1980) qui propose une indépendance des processus affectifs par rapport aux processus cognitifs. Cette question fera l'objet d'une analyse dans le présent chapitre.

D'un autre côté, il existe une importante controverse concernant les mécanismes responsables du déclenchement de l'expérience émotionnelle. Cette controverse s'est historiquement cristallisée autour de la prise de position de William James (1884) qui propose une séquence précise des facteurs responsables de la présence d'une émotion. Il affirme que, contrairement au sens commun, les changements corporels propres à l'émotion viennent à la suite de la perception de l'objet évocateur de l'émotion et que la prise de conscience de ces changements, à mesure qu'ils se produisent, constitue l'émotion ou plutôt l'expérience émotionnelle. Cet énoncé théorique, proposé simultanément par Lange (Lange et James, 1967), constitue la pierre angulaire de ce qu'il est convenu d'appeler, en psychologie de l'émotion, «le problème de la séquence» (Candland, 1977). Les débats autour de cette question ont considérablement marqué l'évolution de la recherche en psychologie de l'émotion et continuent à sous-tendre plusieurs avenues de recherche (Ellsworth, 1994 ; Lang, 1994).

En fait, une question fondamentale qui recoupe l'ensemble de la problématique venant d'être soulevée consiste à se demander si une activité cognitive quelconque – souvent appelée évaluation – doit obligatoirement précéder l'activation de tout état émotionnel. En d'autres termes, le problème qui se pose n'est pas tant de savoir si la cognition est une cause suffisante de l'émotion, mais plutôt si elle constitue une cause nécessaire. À ce sujet, les opinions divergent fortement. Certains croient qu'il est théoriquement pertinent de considérer que des patrons déterminés d'activité neurophysiologique peuvent générer l'émotion de façon indépendante de l'analyse cognitive. Par conséquent, ils estiment que l'information afférente peut se transformer directement en émotion sans médiation cognitive ; ces auteurs font alors appel à l'intervention de mécanismes non conscients ou préconscients de traitement des stimuli affectifs. Par contre, d'autres prétendent que la genèse de l'émotion dépend toujours de mécanismes cognitifs, notamment d'évaluation : l'émotion constitue alors un phénomène qui est la résultante d'une interaction entre des changements physiologiques et des processus psychologiques ou encore de l'intervention exclusive de l'analyse cognitive.

1. Le rôle des réponses viscérales et somatiques

Comme le mentionnent Rimé et Giovannini (1986), il existe une idée très ancienne selon laquelle chaque émotion possède son propre patron de changements physiologiques. Devant une telle possibilité, deux questions ont particulièrement retenu l'attention : la première concerne la démonstration d'une association de patrons physiologiques distincts à des émotions spécifiques et la seconde vise à savoir si les changements viscéraux et somatiques jouent un rôle dans le déclenchement de l'émotion ou s'ils ne sont que des phénomènes concomitants, voire conséquents, d'un état émotionnel quelconque. Les réponses à ces questions ont donné lieu à diverses propositions théoriques. Ainsi, certains estiment que les changements viscéraux et somatiques sont essentiels au déclenchement de l'émotion, mais qu'ils sont les mêmes quelle que soit l'émotion. D'autres croient que les changements physiologiques peuvent différencier les émotions, mais qu'ils ne participent pas au déclenchement de l'émotion. Enfin, certains prétendent qu'il n'est pas pertinent de faire appel à l'activation physiologique pour expliquer l'émotion. Ce dernier point de vue s'avère plutôt minoritaire, en ce sens qu'usuellement les théoriciens de l'émotion tentent d'intégrer dans leurs modèles les changements viscérosomatiques.

1.1. Le problème de la séquence

L'origine historique particulière de toute la problématique des relations entre l'émotion, les processus cognitifs et l'activité viscérosomatique se retrouve dans ce qu'il est convenu d'appeler «le problème de la séquence». La prise de position de William James sur cette question a servi de point de référence à plusieurs débats empiriques qui se poursuivent encore à l'heure actuelle. Comme l'indique Candland (1977), vers la fin du XIXe siècle, deux choix s'offraient au sujet du déclenchement de l'émotion : ou bien cette dernière constituait une entité purement cognitive, ou bien elle résultait de la prise de conscience des changements corporels. C'est placés devant cette alternative que James en 1884 et Lange en 1885 (Lange et James, 1967) proposent une conception de la genèse de l'émotion soulignant le rôle essentiel des réactions corporelles. Cette conception implique l'existence d'une relation mécanique entre la perception d'un objet dans l'environnement (par exemple, un ours) et la réaction comportementale (course, tremblement, palpitation, etc.) ; la prise de conscience des sensations qui accompagnent ces réactions comportementales produirait l'état mental appelé l'«émotion». Le traitement de l'information résultant de l'activité périphérique devient donc central en ce qu'il est responsable de l'émotion. Même si James et Lange ont des points de vue divergents sous plusieurs aspects (Philippot, 1992), cette approche théorique de l'émotion est classiquement appelée la «théorie de James-Lange». Il faut aussi noter que, tout récemment,

Ellsworth (1994) a indiqué que le point de vue de William James était beaucoup plus nuancé que ne le laissent entendre tous ceux et celles qui ont présenté sa théorie par la suite.

Cette conception a des répercussions considérables sur le rôle des activités périphériques en émotion. Tout d'abord, elle implique que ces changements physiologiques doivent être présents pour que l'émotion se déclenche et soit ressentie. Les conséquences de ce rôle causal attribué aux activités périphériques continuent à susciter beaucoup de recherches et d'interrogations théoriques. La question qu'une telle conception sous-tend est la suivante : Quelle relation temporelle ces changements physiologiques possèdent-ils avec l'émotion ? Une seconde retombée de la conception de James-Lange consiste à postuler que chaque émotion comporte un patron d'activités physiologiques qui lui est propre. Cette dernière condition est essentielle étant donné que, selon la formulation de James-Lange, la prise de conscience des activités physiologiques détermine l'émotion spécifique qui sera ressentie. Ainsi que le souligne Rimé et Giovannini (1986), c'est surtout Lange qui élabore des propositions précises à ce sujet. De toute façon, la quête de corrélats physiologiques qui se rapporteraient à des émotions précises découle directement des réactions et discussions qu'a suscitées la théorie de James-Lange.

Devant cette prise de position « périphéraliste », une perspective plus « centraliste » a été proposée et continue de s'y opposer (voir la figure 2). Cette tendance se traduit de deux façons : la proposition de mécanismes neuropsychologiques centraux, dont les circuits de l'émotion, et l'insistance sur l'analyse cognitive comme nécessaire à l'apparition de l'émotion. Une telle façon de voir l'émotion s'accompagne d'une façon différente de concevoir le problème de la séquence. En effet, la perspective centraliste propose qu'entre la perception d'un objet dans l'environnement et la réaction somatique, il y a l'intervention d'un mécanisme central qui contrôle et permet l'apparition des réponses corporelles. Dans un tel cas, ces dernières réponses ne sont plus des déterminants de l'émotion, mais plutôt des conséquences ou des indices. Une telle approche n'empêche pas de trouver pertinente la quête de patrons physiologiques typiques à des émotions précises. Cependant, contrairement à l'approche « périphéraliste », la démonstration de tels patrons n'est pas cruciale à la justesse du modèle.

FIGURE 2
**Illustration des points de vue périphéraliste
et centraliste face au problème de la séquence**

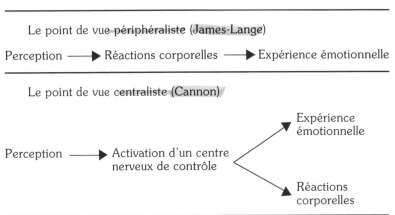

Le point de vue périphéraliste (James-Lange)

Perception ⟶ Réactions corporelles ⟶ Expérience émotionnelle

Le point de vue centraliste (Cannon)

Perception ⟶ Activation d'un centre nerveux de contrôle ⟵ Expérience émotionnelle / Réactions corporelles

Cannon (1927) est reconnu comme celui qui a fait démarrer le courant critique de la formulation de James-Lange. Cette remise en question constitue le point de départ d'une perspective «centraliste». En fait, Cannon dresse une liste de critiques majeures du modèle «périphéraliste» et, de plus, élabore une proposition alternative qui accorde une place prépondérante à des structures du système nerveux central dans le contrôle de l'émotion. Ce genre de proposition peut être vu comme l'ancêtre des théories selon lesquelles les circuits neurophysiologiques seraient responsables de l'émotion. Des représentants marquants de cette tendance sont Papez (1937) et Arnold (1960).

Quant aux critiques, Cannon formule une série d'objections qui s'avèrent dévastatrices. Brièvement, elles peuvent se résumer ainsi : la suppression des afférences viscérales n'altère pas le comportement émotif ; les mêmes réactions viscérales diffuses se produisent dans toutes les émotions de même que dans des états non émotionnels ; les viscères sont relativement insensibles ; la production artificielle de changements viscéraux n'engendre pas l'émotion et, finalement, les réactions viscérales ont des temps de latence trop longs pour rendre compte de la rapidité des réactions émotionnelles.

Cependant, malgré leur poids, ces critiques ne sont pas sans failles (Fraisse, 1963) et ne permettent pas de rejeter clairement

les énoncés de la théorie de James-Lange (Fehr et Stern, 1970).
Il faut noter en particulier que la théorie de James-Lange s'intéresse
au déclenchement de l'émotion en tant qu'état ressenti. À cet
égard, les données comportementales animales semblent d'une
pertinence limitée. En outre, il ne faut pas oublier que, pour James
plus que pour Lange, les réponses corporelles liées à l'émotion
ne sont pas que viscérales, elles comprennent aussi des réactions
de la musculature striée.

Indépendamment de ces dernières remarques, l'impact de
la formulation de James-Lange a continué, jusqu'à aujourd'hui,
de servir de cadre de référence à la psychologie de l'émotion
(Laird et Bresler, 1990 ; Mandler, 1990). Selon Candland (1977),
il n'y a aucune idée théorique du XIXᵉ siècle en psychologie qui
soit demeurée intacte, comme c'est le cas pour le modèle de
James-Lange. Les deux questions essentielles qui en découlent, les
corrélats physiologiques de l'émotion et le rôle causal de ces
changements corporels, seront maintenant abordées.

1.2. La quête de patrons distincts de changements physiologiques

L'idée selon laquelle, pour chaque émotion particulière (la joie, la
peur ou la colère), il existerait des réactions corporelles typiques se
retrouve régulièrement dans les énoncés sur l'émotion. Des expressions telles que « rouge de colère » ou « trembler de peur » ou encore
« sueurs froides » reflètent cette possibilité d'existence de particu-
larités propres aux émotions discrètes au sujet des réactions corporelles. Dès 1885, Lange (cité dans Rimé et Giovannini, 1986)
propose une description détaillée des changements propres à
certaines émotions (la joie, la tristesse, la colère et la peur) qui se
produiraient quand une personne les ressent. Selon lui, la joie et
la colère entraînent des réactions analogues, sauf que, dans les cas
de la colère, les modifications corporelles sont beaucoup plus
marquées et moins coordonnées. Ces réactions se traduiraient par
la dilatation des vaisseaux sanguins et par une augmentation de
l'excitation de la musculature volontaire. Par ailleurs, la peur et la
tristesse engendreraient une paralysie de l'appareil moteur volontaire et une constriction du système vasomoteur. De telles réactions
seraient cependant plus soudaines et intenses dans le cas de la peur.
Ce genre de propositions n'est pas la seule. Darwin (1872) a lui

aussi énoncé certaines caractéristiques qu'il estimait propres à des émotions spécifiques. Ces descriptions étaient plutôt envisagées dans le cadre de la problématique de l'expression émotionnelle, dimension interindividuelle, et non sur le plan de la dynamique intra-individuelle du déclenchement de l'émotion (Collier, 1985).

La recherche empirique en vue de démontrer l'existence de patrons physiologiques liés à des émotions spécifiques n'a pas fait l'objet de nombreuses publications et ne fait pas l'unanimité (Levenson, 1992 ; Zajonc et McIntosh, 1992). Malgré la présence de certaines publications qui font état de patrons physiologiques propres à certaines émotions, la tendance dominante est plutôt d'affirmer que de tels patrons ne se dégagent pas de façon consistante (Caccioppo, Klein, Bernston et Hatfield, 1993) et que les réactions physiologiques liées à l'émotion sont globalement les mêmes, quelle que soit l'émotion (Mandler, 1984 et 1990). Avant de passer en revue ces recherches, soulignons que, habituellement, les recherches portant sur les patrons physiologiques se sont fortement concentrées sur l'analyse de l'activité du système nerveux autonome. Cette concentration sur les réponses neurovégétatives laisse de côté les réactions liées à la *musculature* volontaire qui a pourtant fait partie de l'analyse du modèle de James-Lange ; il s'agit donc d'une vérification partielle de l'énoncé théorique.

De plus, du point de vue méthodologique, ces recherches comportent plusieurs limites (Ekman, Levenson et Friesen, 1983). Tout d'abord, l'échantillonnage d'émotions est souvent réduit à deux ou trois. Ensuite, il y a fréquemment carence pour ce qui est de la vérification indépendante de la réussite de l'induction des émotions visées de même qu'en ce qui concerne la pureté et l'intensité équivalente des diverses émotions. Ce dernier point revêt une grande importance puisque, dans la comparaison de certaines émotions, il faut s'assurer que la différence en intensité de certaines réactions provient bien de la nature distincte des émotions induites et non pas de ce que l'une d'entre elles est beaucoup plus intense. En outre, il faut que de telles recherches utilisent une quantité suffisante de mesures physiologiques de façon à rendre plus probable la différenciation des diverses émotions. Les mesures physiologiques doivent aussi être prises pendant une période suffisamment longue durant la situation expérimentale. En effet, des mesures prises uniquement avant et après les manipulations d'induction risquent de ne pas refléter des émotions brèves.

Finalement, il faut comprendre que les différences individuelles relevées dans les réponses physiologiques peuvent rendre compte d'une proportion considérable de la variance des résultats obtenus. Ax (1953) rapporte des résultats expérimentaux qui tendent à différencier les réactions physiologiques dans des situations de peur et de colère. Pour induire la peur, on fait croire aux sujets qu'ils risquent de recevoir une forte décharge électrique à cause d'un bris d'appareil. Pour susciter la colère, un expérimentateur profère des insultes ou émet des commentaires négatifs sur les sujets. Une entrevue postexpérimentale sert à vérifier l'efficacité globale des manipulations sans véritable analyse de la valeur inductrice des procédures. Les mesures physiologiques suivantes sont prises : le rythme cardiaque, la pression sanguine, la respiration, la température cutanée et la réponse électrodermale. Cette recherche montre que, pour les deux conditions émotionnelles, les changements physiologiques vont dans le même sens. Cependant, certains sont plus marqués dans le cas de la peur (pression systolique, rythme cardiaque, réponse électrodermale) tandis que d'autres le sont plus pour la colère (pression diastolique, température de la peau).

De même, Funkenstein étudie la différence, sur le plan physiologique, entre la peur et la colère (Funkenstein, King et Drolette, 1954 ; Funkenstein, 1955). La procédure d'induction utilisée consiste à soumettre les sujets à une situation dite «stressante» : ils doivent effectuer des problèmes mathématiques tout en faisant l'objet de commentaires critiques de la part de l'expérimentateur. Par la suite, une entrevue sert à distinguer les sujets selon le type de réaction émotionnelle qu'ils rapportent : anxiété (concept considéré similaire à la peur), colère dirigée contre l'expérimentateur, colère dirigée contre le sujet lui-même. Les mesures physiologiques consistent à noter la pression sanguine, le rythme cardiaque et l'amplitude de la pulsation cardiaque. Les résultats indiquent que, dans le cas des deux catégories de colère, la colère «intériorisée» s'accompagne d'un rythme cardiaque plus élevé et une plus grande amplitude de la pression sanguine que la colère «extériorisée». Par rapport à la colère extériorisée, l'état d'anxiété provoque une plus forte pression systolique, un rythme cardiaque plus élevé (ces données s'accordent avec celles de Ax, 1953) et une plus forte amplitude de la pulsation sanguine. Par rapport à la colère intériorisée, seule une différence au sujet de l'amplitude de la pulsation

sanguine en faveur de la condition anxiété apparaît et cette différence est juste en deçà d'un niveau acceptable du point de vue
statistique. Même s'ils concordent en partie avec ceux de Ax, ces
résultats semblent indiquer que la situation de colère utilisée par
ce dernier pourrait avoir engendré des états émotionnels mixtes.

Sternback (1962), ayant recours à des enfants plutôt que des
adultes comme dans les deux recherches précédentes, tente de
distinguer les réactions autonomes liées à la joie, à la tristesse
et à la peur. À cette fin, il utilise un film dont la teneur, selon
des données préliminaires basées sur trois enfants, induirait, à un
moment précis, un des états émotionnels étudiés. Une entrevue
après le visionnement du film confirme partiellement cette suppo-
sition. Les mesures suivantes sont prises : la conductance électrodermale, la mobilité gastrique, la respiration, le rythme cardiaque,
le clignement des yeux, le volume sanguin au niveau du doigt
(majeur gauche). Les résultats vont dans le sens de réactions
physiologiques distinctes selon les états émotionnels, mais seules
quelques différences apparaissent. Ainsi, la tristesse s'accompagne
d'une diminution de la conductance électrodermale et d'une
augmentation des clignements des yeux laissant supposer une plus
grande sécrétion de larmes. Finalement, la joie s'associe à une
diminution de la mobilité gastrique. Ces résultats, selon l'auteur
même, s'avèrent peu favorables à la thèse des patrons distincts.
En outre, à cause des sujets utilisés et des émotions comparées,
cette recherche peut difficilement être mise en parallèle avec les
précédentes.

Plus récemment, Schwartz, Weinberger et Singer (1981) ont
analysé la différenciation cardiovasculaire de la joie, de la tristesse,
de la colère et de la peur. L'induction émotionnelle se fait au moyen
de l'imagination de scènes affectives comparables à celles de
Schwartz et Weinberger (1980) dont nous avons parlé précédemment. Cette procédure d'imagination se fait sous deux conditions,
soit en position assise ou en faisant un exercice physique. En outre,
en plus des quatre émotions à imaginer, il y a une condition dite
«de relaxation». La réussite de l'induction émotionnelle est confirmée à la suite de deux types de mesures : le rapport subjectif
des sujets et l'évaluation du comportement par l'expérimentateur.

Les données physiologiques portent sur le rythme cardiaque
de même que sur la pression sanguine systolique et diastolique. Les
résultats font ressortir des patrons cardiovasculaires propres à

chaque état. La colère est associée à l'activation la plus forte globalement et se distingue aussi par son opposition très claire à la relaxation. Cette plus forte réactivité se reflète surtout dans le rythme cardiaque et la pression diastolique (cette dernière observation confirmant les propos d'Ax, 1953). La peur n'a pas d'effets cardiovasculaires distincts ; un recoupement s'observe souvent avec la joie, la colère et la tristesse. Quant à la joie, elle se caractérise par une plus forte hausse du rythme cardiaque. Finalement, la tristesse présente des réponses physiologiques qui s'apparentent à celles de la relaxation. L'intérêt de cette recherche tient à la plus grande quantité d'états émotionnels qui sont abordés et à une meilleure validation de la procédure d'induction. Par contre, il faut déplorer le peu de variabilité au sujet des mesures physiologiques.

Ekman, Levenson et Friesen (1983) rapportent les résultats d'une recherche comportant l'induction de six émotions (la joie, la surprise, la peur, le dégoût, la colère et la tristesse) selon deux modalités (imaginer des émotions déjà ressenties ou exécuter des mouvements faciaux associés à l'émotion, procédure qui sera discutée plus loin). Les données utilisées ne s'appliquent qu'aux manipulations où l'émotion est à la fois intense et prédominante par rapport aux autres, selon l'évaluation postinduction. Les mesures physiologiques portaient sur le rythme cardiaque, la température cutanée des deux mains, la réponse électrodermale et l'activité électromyographique au niveau de l'avant-bras. Les résultats indiquent une différence au sujet des réponses physiologiques caractérisant les émotions (voir la figure 3). Cependant, ces différences ne se retrouvent pas toujours dans les deux modalités d'induction. Ainsi, pour les deux modalités, le rythme cardiaque augmente plus pour la colère et la peur que pour la joie (Schwartz *et al.*, 1981). De même, la température des mains monte plus pour la colère que pour la joie. Au niveau de la seule modalité faciale, l'augmentation du rythme cardiaque est plus marquée pour la colère, la peur et la tristesse que pour la joie, la surprise et le dégoût. En outre, pour la même modalité, il y a une plus grande augmentation de la température cutanée pour ce qui est de la colère par rapport aux cinq autres émotions et non pas seulement par rapport à la joie. Cet effet ne se retrouve cependant que pour la main droite. Par ailleurs, dans la procédure d'imagination, la tristesse diffère de la peur, de la colère et du dégoût en ce qu'elle s'accompagne d'une plus grande diminution de la résistance électrique cutanée. Finalement, les mesures électromyographiques ne font ressortir aucune différence entre les émotions. Malgré certaines disparités intrigantes entre les deux modalités d'induction, cette recherche va clairement dans le sens d'une différenciation physiologique des émotions.

FIGURE 3
Variations de la fréquence cardiaque (A)
et de la température digitale (B) chez des sujets
ayant comme tâche de produire
une expression faciale typique d'une émotion
(D'après Ekman, Levenson et Friesen, 1983)

A) Variation de la fréquence cardiaque (pulsations par minute)

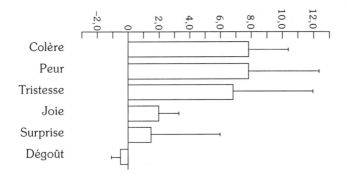

B) Variation de la température (en degrés °C)

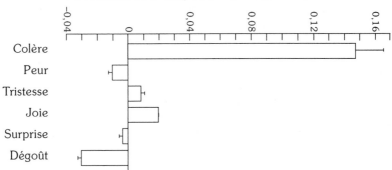

Dans le cas de la fréquence cardiaque, les variations associées à la colère, la peur et la tristesse sont significativement plus grandes que celles associées à la joie, la surprise et le dégoût. Quant à la température digitale, la colère diffère significativement des autres émotions.

Levenson, Ekman et Friesen (1990) ont reproduit leurs données indiquant des patrons physiologiques propres à des émotions distinctes. Ils rapportent trois expériences au cours desquelles ils ont utilisé exclusivement la technique d'exécution de mouvements faciaux. Leurs résultats indiquent que cette méthode provoque clairement l'expérience subjective de l'émotion cible et qu'à nouveau, il y a une différenciation physiologique des émotions. Les principales conclusions qu'ils formulent sont alors les suivantes. La différenciation des émotions se retrouve à la fois entre émotions positives et négatives et entre diverses émotions négatives. Les données sont aussi concluantes à l'échelle des groupes qu'à celle des sujets considérés individuellement. De plus, les mêmes résultats se retrouvent tant chez les sujets féminins que masculins et autant chez des sujets de la population générale que chez des acteurs ou spécialistes de l'émotion. Enfin, les effets observés varient en fonction de la justesse du prototype facial exécuté par les sujets et de l'intensité de l'expérience subjective ressentie par le sujet lors de l'exécution de la configuration faciale.

Ces nouveaux résultats sont très renforçants pour l'hypothèse de la différenciation physiologique des émotions, d'autant plus qu'ils ont été reproduits à deux autres reprises chez des sujets âgés (Levenson, Carstensen, Friesen et Ekman, 1991) et chez des sujets originaires de Minangkabau en Asie du Sud-Est (Levenson, Ekman, Heider et Friesen, 1992). Compte tenu des différences culturelles considérables entre ces sujets et les Nord-Américains, les auteurs en concluent que leurs données ont une grande robustesse. Il serait cependant souhaitable que ces résultats puissent être reproduits par d'autres chercheurs œuvrant dans d'autres laboratoires.

À l'examen détaillé de l'ensemble des recherches, Caccioppo et al. (1993) se sont montrés très hésitants à conclure à une démonstration suffisamment forte de patrons physiologiques robustes. En effet, pour plusieurs indices, les données de comparaison entre émotions ne se reproduisent pas systématiquement d'une recherche à l'autre. Même le rythme cardiaque, qui est le meilleur des indices physiologiques, ne réussit pas infailliblement l'épreuve de la comparaison entre expériences. Dans le cas des recherches de l'équipe d'Ekman, les sujets choisis le sont après une élimination importante de personnes ne satisfaisant pas aux critères d'habileté à contrôler les muscles faciaux. Les auteurs concluent à la nécessité d'augmenter le nombre de recherches sur cette question et, aussi, d'utiliser des techniques encore plus raffinées de mesure des indices périphériques.

Par ailleurs, depuis quelques années, des chercheurs ont publié des données traitant de la capacité qu'ont des sujets de se remémorer la nature des changements corporels qui ont accompagné certaines émotions antérieurement ressenties. Shields (1984) rapporte des résultats concernant l'anxiété, la tristesse et la colère. Selon les rapports obtenus, ces trois émotions se distinguent quant aux réactions corporelles que mentionnent les sujets. Ainsi, la tristesse se caractériserait par une léthargie et un ralentissement des réactions corporelles tandis que l'anxiété et la colère entraîneraient une augmentation des réponses du système nerveux sympathique en général. L'anxiété se distinguerait par la sudation, et la colère, par le rougissement du visage. De même, Rimé et Giovannini (1986) étudient, selon une méthodologie comparable, les rapports de réactions corporelles reliées à quatre émotions : la joie, la tristesse, la colère et la peur. Là encore, les rapports obtenus vont dans le sens de patrons distincts de réactions corporelles pour chaque émotion. Les patrons décrits par les sujets concordent généralement avec les propositions énoncées par Lange qui apparaissent plus haut. De même, dans une vaste étude interculturelle auprès de ressortissants de 37 pays sur les cinq continents, Scherer et Wallbott (1994) relèvent aussi des patrons de réponses corporelles distinguant les émotions analysées.

En somme, il existe une quantité suffisante de données pour qu'il ne soit plus permis de mettre de côté l'idée de patrons physiologiques correspondant à des émotions spécifiques. Cependant, le problème demeure toujours celui de voir quel sens donner à de tels résultats en ce qui concerne les mécanismes responsables de l'émotion. Tout d'abord, il faut faire une distinction entre les recherches portant sur le rapport à posteriori de souvenirs de réponses corporelles et celles qui mesurent des changements physiologiques avec des procédures visant à induire des émotions. Dans le premier cas, les résultats indiquent que des sujets humains s'accordent pour se souvenir avoir eu certaines réactions corporelles distinctes selon l'émotion ressentie. Il s'agit donc d'apports indirects à l'existence de patrons physiologiques. En effet, ce rapport peut provenir de plusieurs sources, soit les réactions réellement présentes, l'interprétation de ce qu'elles auraient dû être (Pennebaker et Eptein, 1983) ou l'apprentissage social de croyances véhiculées par la culture (Rimé et Giovannini, 1986).

Ainsi, Rimé, Philippot et Cisamolo (1990) font ressortir une autre dimension importante dans l'étude des patrons physiologiques des émotions : il s'agit de l'intervention possible de schémas sociaux dans les rapports que font les sujets à propos des réponses périphériques qui se produiraient lors de l'apparition d'émotions. À ce propos, ces auteurs ont démontré, par le biais de questionnaires, que les sujets rapportaient des profils de réactions physiologiques périphériques qui ne différaient pas selon que les consignes du questionnaire leur demandaient de rapporter *leurs* réactions lors d'émotions qu'ils avaient *réellement* (condition réelle) ressenties auparavant ou des réactions qu'ils *estimaient* (condition stéréotypée) devoir se produire dans le cadre d'émotions ressenties (voir la figure 4). De plus, des sujets américains ont rapporté des patrons comparables à ceux des sujets belges. En outre, cette similitude se retrouve dans les résultats de Scherer et Wallbott (1994), obtenus à partir des échantillons provenant de 37 pays répartis sur tous les continents. Ces auteurs concluent que leurs sujets ont un accès direct à des schémas portant sur les changements périphériques associés à l'émotion. Ces schémas se construiraient, selon Rimé *et al.* (1990), tant à partir de changements réels qui se sont produits lors d'émotions antérieurement vécues que par le biais de constructions fondées sur des échanges sociaux.

Quant aux autres recherches, elles pourraient éventuellement se révéler pertinentes en tant qu'indices de la présence d'émotions spécifiques. Cependant, dans leur teneur actuelle, ces résultats ne permettent pas d'appuyer l'idée selon laquelle les changements physiologiques sont des antécédents de l'émotion. La preuve la plus adéquate de cette relation temporelle avec l'émotion exige que l'on puisse induire artificiellement ces patrons distincts de changements, ce qui est à toutes fins pratiques impossible.

Cependant, sans être nécessairement déclencheurs d'un état émotionnel spécifique, ces patrons de changements pourraient contribuer au maintien de l'état subjectif précis, une fois qu'il est déclenché. Cela signifie que ces différences au sujet des diverses réponses sont psychologiquement pertinentes, donc qu'elles sont décelables par le système mental. Cette exigence pose certains problèmes étant donné qu'un examen attentif des résultats des recherches en cause laisse souvent voir des différences fort ténues, par exemple, de quelques battements cardiaques. Même si Schandry (1981) montre, entre autres, que dans une situation où les sujets

FIGURE 4

Patrons de réactions périphériques associés à la joie, la colère, la peur et la tristesse selon les conditions réelle et stéréotypée

(D'après Rimé, Philippot et Cisamolo, 1990)

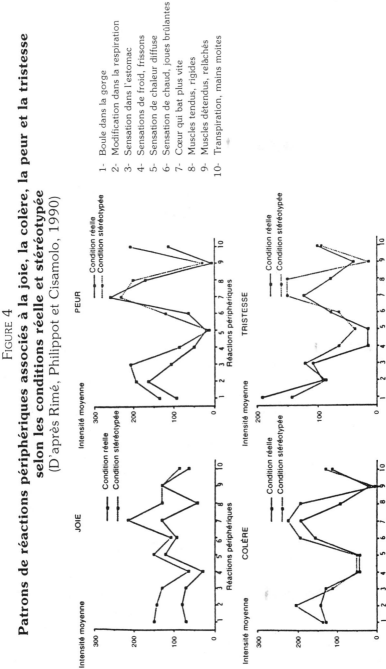

1- Boule dans la gorge
2- Modification dans la respiration
3- Sensation dans l'estomac
4- Sensations de froid, frissons
5- Sensation de chaleur diffuse
6- Sensation de chaud, joues brûlantes
7- Cœur qui bat plus vite
8- Muscles tendus, rigides
9- Muscles détendus, relâchés
10- Transpiration, mains moites

dirigent leur attention sur leur rythme cardiaque, une estimation assez précise de cette réponse peut être faite, il n'en observe pas moins d'importantes différences individuelles (Katkin, 1984). De plus, Pennebaker (1981) de même que Pennebaker et Epstein (1983) indiquent clairement que l'évaluation précise des fluctuations et du déroulement d'une réponse physiologique comme le rythme cardiaque dépend tout autant de facteurs externes liés à la situation que de l'état physiologique réel.

D'ailleurs, Philippot (1992), dans le cadre de ses travaux en vue de la rédaction de sa thèse de doctorat portant sur la différenciation périphérique des émotions, a montré que, dans une situation inductrice provoquant des sensations physiques distinctes chez les sujets en fonction de l'émotion induite, les rapports verbaux ne s'accordaient pas de façon consistante avec les réponses physiologiques réellement mesurées chez les sujets. De plus, utilisant une mesure de perception du rythme cardiaque basée sur la théorie de détection de signal, il n'a observé aucune relation entre l'intensité de l'émotion que rapportent les sujets et la performance de détection du rythme cardiaque.

Ces observations peuvent être rapprochées de l'analyse de Mandler (1984) qui prétend que les patrons de changements périphériques associés aux émotions ne sauraient constituer des variables physiologiques ayant une fonction psychologique spécifique. Pour lui, de telles variables ne sauraient influer sur le système mental et exercer une domination sur le comportement et l'expérience subjective, d'autant plus qu'il lui semble hautement improbable que des sujets humains puissent discriminer des patrons légèrement différents de réponses autonomes. Selon lui, ces patrons physiologiques se produisent en corrélation avec le comportement et l'expérience subjective : ils peuvent souvent servir d'indices externes, mais ils n'ont pas de fonction psychologique. Plus récemment, cependant, de nouvelles élaborations théoriques tentent de rendre compte de façon plus complexe de la relation qui existe entre les réactions corporelles réelles lors d'une émotion, leurs effets subjectifs et les rapports qui en sont faits.

Ainsi, Philippot (1992) estime que, pour rendre compte de la relation entre les réactions physiologiques réelles et les sensations corporelles que les sujets rapportent, il faut tenir compte de cinq paramètres. Le premier, appelé niveau organique, a trait aux changements réels qui ont lieu au sein des activités corporelles de l'organisme. Le second se rapporte à l'enregistrement de ces réactions par des organes sensoriels (par exemple, les barorécepteurs) : il s'agit du niveau neuroperceptif. Par la suite, le niveau dit de «perception consciente» assume la prise de conscience et le traitement par l'individu de cette information sensorielle. Quant à l'identification, elle consiste en la détermination par le sujet du site et de la nature de la sensation. Enfin, la traduction en mots de ce qui a été perçu comme réponses corporelles se réalise au niveau de la verbalisation.

Un examen de ces nombreux niveaux possibles montre qu'il y a clairement place pour plusieurs types de distorsions entre ce qui est rapporté verbalement et ce qui se produit réellement au niveau de l'activité corporelle. Dans ce sens, les données qui ont été exposées plus haut ne sont guère surprenantes. Aussi, est-il intéressant de référer à l'analyse de Scherer (1992b) qui distingue trois catégories de composantes au sein des représentations constitutives de l'expérience émotionnelle – ce qui inclut les composantes physiologiques – : les archétypes, les prototypes et les stéréotypes. Les premiers se rapportent au noyau le plus stable et universel des réactions corporelles, les seconds, aux sensations communes dérivées par les individus de leurs multiples expériences émotionnelles et les derniers, aux composantes culturelles structurant le vécu émotionnel. Dans un sens, on peut dire que les prototypes dépendent à la fois des aspects universels et culturels mentionnés ci-dessus et, au moins en partie, des réponses corporelles déclenchées par des émotions ressenties dans le passé. D'où la multiplicité des variables affectant ce que les sujets rapportent relativement aux aspects physiologiques de leurs expériences émotionnelles. La question qui demeure est l'évaluation précise de l'importance relative des facteurs socioculturels et biologiques qui interagissent au sein de la psychophysiologie des réactions émotionnelles.

1.3. Le rôle global de l'activation physiologique

Contrairement aux auteurs traitant de patrons différents de changements physiologiques, Mandler (1984 ; 1990) estime que l'activité globale du système nerveux autonome peut servir de stimulus ayant une fonction psychologique. Il s'agit alors d'une façon très différente d'envisager le rôle des changements physiologiques au sein du processus émotionnel. En effet, elle implique que l'activation physiologique joue un rôle dans le déclenchement et le maintien de toute émotion, et que cette intervention est générale et ne comporte pas de différences en ce qui a trait aux émotions spécifiques. Cette question de l'intervention globale des réponses physiologiques en émotion remonte, elle aussi, aux débats entourant la prise de position de James-Lange. Comme pour la question des patrons spécifiques, elle a surtout été centrée sur le rôle de l'activité du système nerveux autonome. Les données pertinentes à ce problème ont été obtenues en utilisant deux méthodologies : la première étudie l'impact de l'élimination de l'information viscérale tandis que la seconde s'intéresse à l'induction artificielle de changements viscéraux.

1.3.1. L'élimination des afférences viscérales

Une première voie permettant de connaître l'importance, pour le processus émotionnel, de l'activité physiologique périphérique consiste à analyser la réactivité émotionnelle de sujets qui sont dépourvus, en tout ou en partie, de feed-back provenant de ces systèmes de réponses. Les premières données à ce sujet viennent de recherches animales dans lesquelles il y a élimination chirurgicale ou pharmacologique de l'activité autonome. L'impact de ces interventions expérimentales au niveau de l'émotion est évalué par des mesures comportementales telles que l'apprentissage de l'évitement ou le test de l'*openfield*. Selon les utilisateurs de ces procédures, celles-ci reflètent l'intervention d'un état émotionnel de peur ou d'anxiété de sorte que si l'intervention expérimentale interfère sur la performance des sujets dans ces tâches, le chercheur conclut que son intervention influe sur un état affectif de peur ou d'anxiété. Cependant, cette affirmation comporte une difficulté de taille. En effet, la nature exacte de la teneur émotionnelle de l'apprentissage de l'évitement et du test de l'*openfield* ne fait pas l'unanimité (Doré et Mercier, 1992 ; Strongman, 1987). L'interprétation des résultats devrait donc tenir compte de cette difficulté. En outre, les données animales se limitent à fournir des indices sur le comportement manifeste. Il se peut que l'activité viscérale ne soit pas nécessaire dans le cas du comportement dit «émotionnel». Mais qu'en est-il de l'expérience subjective ? Des recherches chez l'humain peuvent fournir des indices beaucoup plus pertinents.

   Malgré ces limitations, les données recueillies par les études utilisant des animaux laissent voir la possibilité d'une fonction émotionnelle de l'activité viscérale. Wynne et Solomon (1955) analysent la performance de chiens ayant subi une élimination chirurgicale ou pharmacologique du système nerveux autonome dans une tâche d'évitement. Si l'intervention se produit avant la soumission des sujets à l'apprentissage de la tâche, il y a ralentissement de cet apprentissage chez les sujets et, une fois acquise, le comportement ne se maintient pas. Par contre, quand l'intervention a lieu après la phase d'acquisition, les sujets ne se distinguent pas de sujets intacts en ce qui concerne le maintien ultérieur de la performance. Mandler (1984) utilise ce genre de résultats pour appuyer l'idée selon laquelle le comportement émotionnel peut s'observer en l'absence d'activation sympathique. Cependant, une telle possibilité ne se retrouverait que dans le cas d'un comportement émotionnel qui aurait préalablement été organisé en présence d'une activation physiologique. Par ailleurs, des résultats qui appuient partiellement les précédents se retrouvent dans le cas d'expériences, usuellement chez des souris, qui utilisent la technique dite «d'immunosympathectomie». Il s'agit d'une intervention pharmacologique qui se fait chez des animaux nouveau-nés et dont la conséquence est une destruction du système nerveux sympathique dans une proportion de 80 à 90 % sans que ne soit touché quelque autre aspect du fonctionnement de l'animal. Utilisant cette technique, Wenzel (1972) montre que les souris ainsi traitées manifestent une diminution de l'élimination dans le test d'*openfield* et un ralentissement dans l'acquisition de tâches d'évitement actif et passif. Par contre, l'activité globale des mêmes sujets n'est pas perturbée. Ici encore, il appert qu'une réduction importante de l'activation viscérale nuise à l'organisation du comportement émotionnel.

Malgré l'intérêt réel des recherches qui viennent d'être décrites, des données chez l'humain peuvent faire ressortir des indices plus intéressants au sujet de l'expérience émotionnelle en l'absence d'information viscérale. Étant donné l'impossibilité évidente de concevoir une recherche expérimentale chez l'humain où il y aurait élimination de l'information viscérale, certains auteurs ont plutôt recueilli des indications au sujet de l'expérience émotionnelle de personnes qui ont subi des lésions de la moelle épinière. En effet, chez les paraplégiques et les quadriplégiques, la lésion de la moelle épinière perturbe la réactivité autonomique et la réception d'information viscérale. Plus l'emplacement de la lésion est élevé, plus les effets sont considérables par rapport au fonctionnement neurovégétatif. En conséquence, si l'information viscérale est cruciale pour l'expérience émotionnelle, les sujets atteints de lésions de la moelle épinière devraient rapporter une perte quant à l'expérience subjective de l'émotion qui serait d'autant plus forte que la lésion est élevée.

Hohmann (1966) rapporte une première étude de la vie émotionnelle de personnes lésées à la moelle épinière. L'auteur analyse la réactivité émotionnelle de cinq groupes de sujets qui sont répartis selon la hauteur de la lésion. Les lésions les plus basses se situent au niveau pelvien tandis que les plus hautes ne laissent intacte que la branche crâniale du système nerveux sympathique. La méthodologie utilisée consiste en une longue entrevue structurée qui porte sur l'expérience subjective des sujets. Ils ont à comparer, quant à l'intensité des sentiments subjectifs, un incident évocateur d'émotion avant et après la lésion. Les rapports verbaux ainsi obtenus laissent voir que plus l'emplacement de la lésion est élevé, plus la diminution des réactions émotionnelles subjectives est marquée. En fait, les sujets qui ont des lésions cervicales disent qu'ils se comportent comme s'ils avaient des émotions, mais qu'ils ne les ressentent pas : ils adoptent le comportement correspondant à une émotion donnée.

Tout en étant fort intéressante, cette recherche doit être nuancée en raison du caractère incertain des données recueillies au moyen d'une entrevue qui demande de rapporter des souvenirs plus ou moins lointains. En outre, il se peut que les réductions dans l'expérience émotionnelle que rapportent les sujets ne soient pas des symptômes primaires liés à la lésion même, mais plutôt des réactions du patient à son handicap.

En 1975, Jasnos et Hakmiller abordent la même question et obtiennent des résultats qui concordent avec ceux de Hohmann (1966). Au lieu de faire uniquement appel aux souvenirs de leurs sujets au cours d'une entrevue, ils utilisent une situation expérimentale où les sujets visionnent des diapositives représentant des femmes nues ou vêtues sobrement. Des données obtenues au préalable chez des juges non paraplégiques indiquent clairement que les stimuli à teneur érotique ont une haute valeur évocatrice. Les auteurs prennent alors des mesures subjectives chez les sujets en vue de connaître leur réactivité affective ; ils mesurent aussi le rythme cardiaque. Les résultats indiquent que, peu importe la hauteur de la lésion affectant leur moelle épinière, les sujets ont une augmentation comparable de la fréquence cardiaque quand ils sont soumis à la tâche : l'activation périphérique est la même chez tous les sujets. Cependant, dans le cas des mesures subjectives, les sujets diffèrent en fonction de l'emplacement de la lésion. En effet, les sujets lésés au niveau cervical ne rapportent pas d'excitation particulière selon le matériel présenté. Par contre, les sujets dont la lésion est plus basse (niveau thoracique et lombaire) rapportent une excitation plus forte dans le cas des stimuli représentant des femmes nues que pour les stimuli plus neutres.

Comme le font remarquer les auteurs, les afférences provenant de la réponse cardiaque se font surtout par l'intermédiaire des nerfs glossopharyngien et vagues. Cela implique que, même pour les sujets ayant une lésion cervicale, il n'y a pas de perte à ce niveau. Par contre, les afférences liées à d'autres réponses périphériques devraient varier en fonction du niveau de la lésion. Cette différence expliquerait l'écart entre les groupes de sujets en ce qui concerne l'expérience subjective émotionnelle.

Ces résultats empiriques chez les humains révèlent donc que la perte d'information viscérale joue un rôle significatif au sein de l'expérience émotionnelle et que ce rôle s'intensifie avec l'accroissement de la perte. Cependant, deux nuances importantes s'imposent. D'une part, les sujets lésés n'avaient jamais une élimination totale de l'information viscérale : il n'est pas possible d'étudier des personnes qui en auraient une suppression complète. D'autre part, même chez les sujets les plus atteints, les résultats indiquent essentiellement que l'effet obtenu en est un de diminution de la réactivité émotionnelle. Malgré l'imperfection des données – particulièrement l'absence de sujets n'ayant aucune information viscérale –, il appert que les afférences neurovégétatives ne font que contribuer à l'intensité de l'expérience émotionnelle ; elles ne semblent pas déterminer à elles seules le déclenchement de l'émotion.

Cependant, Heidbreder, Ziegler, Shafferhans, Heidland et Grüninger (1984) obtiennent des résultats négatifs dans le cadre d'une recherche avec des sujets ayant une lésion au niveau cervical où la manipulation expérimentale consiste en une procédure dite de «stress mental». Il s'agit de faire entendre aux sujets un son fort et perturbant pendant qu'ils effectuent des problèmes mathématiques. Les résultats obtenus indiquent que, par rapport à un groupe témoin – comparaison qui n'a pas été réalisée dans les deux recherches précédentes –, les sujets paraplégiques rapportent un niveau semblable d'expérience stressante. Pourtant, sur le plan périphérique, les sujets lésés ont des réactions physiologiques de moindre amplitude que les sujets intacts; cette différence ne s'accompagne pas d'un écart concomitant sur le plan subjectif. Les auteurs prétendent que leurs résultats diffèrent de ceux des deux recherches précédentes en raison de la présence, aux fins de comparaison, d'un groupe témoin. Cependant, ils n'utilisent pas de sujets lésés à divers niveaux de la moelle épinière et leur procédure ne permet pas vraiment de savoir quelle émotion spécifique résulte de la tâche. Malgré tout, cette recherche oblige à remettre en question les conclusions découlant des résultats de Hohmann (1966) et de Jasnos et Hakmeller (1975).

En outre, Chwalisz, Diener et Gallagher (1988) ont effectué une recherche très bien contrôlée qui remédie, en particulier, aux carences reprochées à celle de Hohmann. Ils utilisent notamment plusieurs mesures de l'état émotionnel qui ont une valeur métrique éprouvée et qui permettent d'évaluer plusieurs émotions à la fois positives et négatives. Les données sur l'expérience émotionnelle abordent le vécu émotionnel actuel et anticipé face à des situations hypothétiques et non pas seulement des rapports sur des événements passés. Qui plus est, contrairement à Hohmann, la recherche comporte deux groupes de contrôle. Le premier est formé de sujets confinés à un fauteuil roulant, mais sans lésion de la moelle épinière. Le second comprend des personnes non handicapées. Tous les sujets ont été appariés selon l'âge et le sexe. En outre, au lieu de rester constamment dans un centre hospitalier, les sujets lésés à la moelle épinière étudient à l'université : ils sont donc très actifs et poursuivent des objectifs importants pour leur avenir. Dans de telles conditions, les résultats n'indiquent aucune différence entre les groupes pour ce qui est de l'intensité des réactions émotionnelles subjectives. Enfin, notons que cette absence de différences est aussi confirmée dans une autre recherche (Bermond, Nieuwenhuyse, Fasotti et Scheurman, 1991) qui, elle aussi, améliore grandement les procédures utilisées par Hohman sans pour autant comporter autant de contrôles que la recherche précédente.

Dans l'ensemble, les dernières publications qui viennent d'être recensées obligent à remettre en question les conclusions découlant des premières recherches, notamment celle de Hohman (1966). La diminution des réponses corporelles consécutives à une lésion de la moelle épinière ne s'accompagne pas nécessairement d'une baisse de l'intensité de l'expérience émotionnelle, surtout quand les techniques de recherche sont mieux structurées. Peut-être que des travaux ultérieurs apporteront d'autres précisions sur l'impact émotionnel d'une privation d'information périphérique? Il reste maintenant à considérer l'impact de l'induction artificielle de changements viscéraux.

1.3.2. L'induction expérimentale de réponses viscérales

Si des changements au sein de l'activité neurovégétative ont un pouvoir déclenchant de l'expérience émotionnelle, la production, par intervention pharmacologique, de tels changements devrait induire des modifications de l'état émotionnel des sujets soumis à ce genre de manipulation. Nous avons vu plus haut que cette proposition s'inscrit directement dans la controverse autour du problème de la séquence et s'associe précisément à l'une des critiques formulées par Cannon (1927) au sujet de la théorie de James-Lange. En effet, selon lui, la production artificielle de changements viscéraux n'engendre pas l'émotion. À cette fin, Cannon se réfère à la recherche la plus fréquemment citée qui aborde l'action émotive de l'adrénaline, celle de Maranon (1924). En effet, cet auteur a vérifié chez 210 sujets les effets physiologiques et subjectifs d'une injection d'adrénaline. Dans une petite proportion des cas, les sujets rapportent «une simple perception subjective de certains troubles somatiques qui font naître chez le sujet une sensation émotive indéfinie, mais perçue "en froid", sans émotion proprement dite» (p. 306). Dans d'autres cas encore plus rares, les sujets rapportent «une émotion involontaire complète» (p. 306), particulièrement chez des sujets dont «l'index émotif antérieur était anormalement haut» (p. 314) ou lorsqu'on proposait au sujet «un souvenir d'une grande énergie affective, mais qui cependant ne serait pas suffisant dans l'état normal pour provoquer une émotion» (p. 307). Finalement, la grande majorité des sujets décrivaient des réactions physiologiques telles des palpitations, des sensations de rougeur, d'oppression et de tremblement. Ces résultats laissent donc entendre que, *à elle seule,* l'induction de changements viscéraux ne suffit pas à provoquer des états émotionnels authentiques. Seul l'ajout d'autres facteurs semble rendre efficace cette manipulation physiologique. Ces conclusions furent d'ailleurs confirmées par Landis et Hunt (1932), Cantril et Hunt (1932) et Lindemann et Finesinger (1940). Cette voie de recherche, à savoir la *seule* induction de changements périphériques, ne fut guère empruntée par la suite. Cependant, l'interaction de cette mani-

pulation avec d'autres paramètres, surtout cognitifs, suscita une
multitude de recherches et de discussions concentrées essentiellement autour des travaux de Stanley C. Schachter dont nous allons
maintenant traiter.

2. Schachter et l'interaction physiologie/cognition

Les difficultés et les insatisfactions qui ont caractérisé l'ensemble
des recherches sur le rôle de l'activation physiologique dans le
déclenchement des émotions ont, autour des années 60, donné lieu
à une nouvelle façon d'envisager le problème. Il s'agit de voir la
mise en branle du processus émotionnel comme résultant du jeu de
deux grands facteurs, soit l'activation physiologique et l'activité
cognitive. Stanley Schachter a ouvert cette nouvelle perspective
dont l'impact majeur continuera pendant longtemps d'influencer
fortement la recherche et l'analyse théorique en psychologie de
l'émotion (Mandler, 1984 ; Reisenzein, 1983). Il est pertinent de
noter que la spécialisation en psychologie sociale de Schachter
revêt une certaine importance en raison de la perspective particulière que cela lui fournissait, notamment à partir de ses recherches
sur l'affiliation.

L'origine des préoccupations de Schachter vient tout d'abord
de la difficulté d'isoler des patrons de réponses physiologiques
qui distinguent des émotions spécifiques de façon fidèle et dont la
signification psychologique soit évidente. Il en arrive donc à la
conclusion que, lors de toute émotion, il se produit un syndrome
diffus de réponses du système nerveux sympathique. Cependant,
très fortement influencé par les résultats de Maranon (1924) dont
nous venons de parler, il affirme que la seule activation physiologique ne saurait provoquer une émotion : un facteur supplémentaire
s'avère nécessaire. Pour Schachter, cet élément supplémentaire
consiste en la situation où se produit l'activation physiologique, et
particulièrement, en ce qui a trait aux interprétations que l'individu
fait de cette situation (Schachter et Singer, 1962 ; Schachter,
1964).

L'émotion résulterait donc de l'interaction entre une activation
physiologique globale et l'analyse cognitive de la situation où elle
se produit, cette dernière composante déterminant la spécificité
de l'émotion (la joie par rapport à la colère, par exemple). Cette
théorie bifactorielle met donc l'accent sur la contribution de méca-

nismes cognitifs. Le plus important de ces derniers tient à ce que, pour qu'il y ait une émotion, le sujet doit faire un lien entre l'analyse de la situation où il se trouve et l'activation physiologique qu'il ressent à s'y trouver.

2.1. La vérification empirique de la théorie de Schachter

La formulation théorique de Schachter a engendré un grand nombre de recherches. Mandler (1984) estime que la contribution de Schachter est la plus importante depuis William James et qu'elle constitue un point tournant. Cependant, une expérience occupe une place centrale, soit celle de Schachter et Singer (1962). Étant donné son impact, nous en ferons un exposé détaillé. L'objectif de la recherche est de mettre à l'épreuve trois hypothèses. Premièrement, en présence d'une activation physiologique pour laquelle il n'y a pas d'explication évidente, un sujet identifiera cet état en utilisant les cognitions qui lui sont disponibles, quelles qu'elles soient. Deuxièmement, si un sujet a une explication évidente pour son activation physiologique, il ne fera pas appel à d'autres sources explicatives en vue de l'identifier. Ces deux hypothèses impliquent que la présence d'une activation physiologique entraîne un besoin de connaître et d'évaluer la source de cette réaction et que les sujets le feront en utilisant leur connaissance de la situation immédiate (Schachter, 1971). Finalement, en présence des mêmes conditions cognitives, un individu n'aura un comportement émotif ou ne rapportera un état subjectif émotionnel que dans la mesure où il ressentira une activation physiologique, condition d'ailleurs nécessaire au déclenchement d'une émotion.

La vérification empirique de ces hypothèses nécessite trois catégories de manipulations expérimentales, soit l'état d'activation physiologique, la nature de l'explication qu'a le sujet à propos de cet état et l'élaboration de situations sociales pouvant engendrer des cognitions explicatives. Schachter et Singer ont manipulé l'activation physiologique chez les sujets en leur disant que l'objectif de la recherche visait à étudier l'effet d'une vitamine sur la vision. Les sujets recevaient donc une injection de la supposée vitamine. En réalité, la moitié des sujets eurent une injection d'épinéphrine, agent sympathomimétique, tandis que les autres reçurent une injection d'un placebo, une solution saline inactive. Les effets subjectifs normaux de l'administration d'épinéphrine sont des palpitations, des tremblements, des rougeurs et une respiration haletante. Compte tenu de la dose utilisée dans l'expérience, ces effets ont commencé à se manifester cinq minutes après l'injection et ont duré une vingtaine de minutes. Quant aux explications qu'eurent les sujets ayant reçu l'épinéphrine à propos de cette activation physiologique, un premier sous-groupe eut une information exacte : les expérimentateurs leur dirent que l'injection pouvait produire des effets secondaires et leur donnèrent une description exacte des effets subjectifs de l'épinéphrine. Un second sous-groupe reçut une information erronée. Pour eux, les effets secondaires décrits ne pouvaient être provoqués par la drogue injectée (démangeaisons, engourdissements, etc.). Le troisième sous-groupe ne reçut aucune information au sujet d'effets secondaires et il en fut de même pour les sujets à qui l'on avait injecté le placebo.

La manipulation des conditions sociales consistèrent en l'élaboration de deux situations qui, présumément, allaient susciter des émotions d'euphorie (joie) et de colère. À cette fin, immédiatement après l'injection, chaque sujet fut conduit dans une pièce en désordre où se trouvait un complice de l'expérimentateur qui était identifié comme étant un autre sujet. On avait dit au sujet qu'une attente de vingt minutes était nécessaire pour laisser à la vitamine le temps d'agir avant la passation du test de vision. Dans la condition dite d'euphorie, le complice se montrait amical et extraverti et s'engageait dans une séquence d'activités soigneusement déterminée qui laissait voir une très forte bonne humeur. Pendant ce temps, le sujet était observé à travers un miroir unidirectionnel. Pour la colère, le sujet et le complice devaient compléter un questionnaire comportant des questions de plus en plus personnelles et insultantes. Le complice s'assurait de répondre au même rythme que le sujet tout en faisant des commentaires négatifs prédéterminés et exprimés à des moments précis. Le caractère négatif de ces commentaires s'intensifiait jusqu'à ce que le complice déchire le questionnaire et sorte. Il est à noter que, dans la condition de colère, il n'y avait pas de sous-groupe ayant reçu une information erronée au sujet des effets de l'injection d'épinéphrine.

Les chercheurs prirent deux types de mesures en vue d'évaluer l'état émotionnel des sujets. Dans la première, les auteurs notèrent les comportements des sujets en vue de vérifier s'ils faisaient des actions pertinentes aux manipulations d'euphorie ou de colère. De plus, les sujets répondirent à un questionnaire postexpérimental portant sur leur expérience subjective durant les conditions expérimentales par l'intermédiaire de questions insérées parmi plusieurs autres non reliés aux buts de la recherche. Les résultats attendus prévoyaient que les sujets qui manifesteraient le plus d'euphorie ou de colère feraient partie du sous-groupe ayant reçu une information erronée ou absente. Le sous-groupe informé avec exactitude et le groupe témoin (injection d'un placebo) devaient avoir une réponse faible aux manipulations émotionnelles, le premier ayant une explication adéquate de son activation physiologique et le second n'ayant pas de réaction physiologique pertinente.

Les résultats révélèrent que, pour les deux types de manipulations émotionnelles, les sujets qui n'avaient pas reçu une explication adéquate de leur état corporel réagissaient plus fortement que les sujets bien informés. Cependant, les résultats étaient plus probants pour les mesures comportementales que pour les mesures subjectives. En outre, et ce qui est particulièrement embêtant, les sujets du groupe témoin se situaient entre les sujets expérimentaux avec ou sans information appropriée. C'est donc dire que, exception faite du groupe témoin, les résultats étaient conformes aux prédictions.

Pour les auteurs, deux facteurs peuvent avoir contribué à diminuer l'impact des manipulations expérimentales. Tout d'abord, dans le cas où les sujets avaient une information inexacte au sujet de l'injection d'épinéphrine, l'injection elle-même peut avoir fourni aux sujets une explication appropriée de leurs symptômes ; certains sujets se seraient en quelque sorte auto-informés. L'information provenant des rapports subjectifs laisse entendre que cela s'est produit. Les auteurs ont alors décidé d'éliminer ces sujets. De même, on peut penser que l'injection du placebo n'a pas empêché le déclenchement d'une activation physiologique même si elle ne devait normalement pas le faire. Cette activité sympathique pourrait avoir été provoquée par les conditions expérimentales extraordinaires. Un examen des résultats au sujet du rythme cardiaque avant et après l'expérience révèle que certains sujets auraient eu une activation physiologique augmentée même s'ils n'avaient pas reçu d'injection pertinente. Ces sujets se montrèrent d'ailleurs plus euphoriques et plus en colère que les autres sujets des groupes témoins qui n'avaient pas été activés. En conséquence, si ces deux catégories de sujets (auto-informés et activés sans la drogue) sont exclus des analyses, il en résulte que les résultats deviennent conformes aux hypothèses.

Devant leurs résultats, les auteurs concluent qu'ils ont démontré qu'il est possible de manipuler cognitivement les réactions émotionnelles de quelqu'un qui ressent une activation physiologique et qui n'a pas d'explication appropriée de cet état. Par contre, cette manipulation ne sera pas efficace si le sujet possède une explication adéquate ou s'il n'a pas d'activation physiologique.

2.2. Les réactions à l'expérience de Schachter et Singer

Comme cela a été mentionné plus haut, la recherche de Schachter et Singer est considérée comme l'une des plus marquantes dans l'histoire de la psychologie de l'émotion. Cependant, malgré l'impact qu'elle a eu, elle fut l'objet de plusieurs critiques se rapportant à la méthodologie utilisée. De plus, elle n'a pas réussi un test majeur de sa valeur probante, soit l'obtention de résultats comparables par d'autres chercheurs qui ont repris l'expérience.

2.2.1. Les critiques méthodologiques

De nombreux commentaires méthodologiques sont apparus dans la littérature depuis la publication de cette recherche (Cotton, 1981 ; Plutchik et Ax, 1967 ; Reisenzein, 1983). Tout d'abord, la procédure utilisée ne permet pas de conclure que les manipulations ont causé une émotion ; elles l'ont simplement modulée quantitativement étant donné que les mesures nous fournissent uniquement un indice d'un taux plus ou moins élevé d'euphorie d'une condition expérimentale à l'autre. Cette mesure ne nous permet pas de savoir si les groupes dans la condition euphorique sont joyeux tout simplement ou uniquement plus joyeux que les sujets du groupe de contrôle. De même, dans le cas de la condition de colère, nous ne pouvons que conclure que les sujets sont moins heureux que dans les autres situations. Cette critique est d'autant plus pertinente que la valeur des situations inductrices reste à démontrer de façon indépendante : la situation dite «d'euphorie» pourrait vraisemblablement avoir induit d'autres émotions ou

un état émotionnel mixte (par exemple, de l'irritation, de l'appré-
hension, du mépris, etc.).

D'autres critiques ont porté sur les paramètres physiologiques
de la recherche. D'une part, l'utilisation d'épinéphrine n'est pas
considérée par tous comme le meilleur moyen d'induire l'activation
physiologique recherchée (Stein, 1967), d'autant plus que ce genre
d'intervention pharmacologique pourrait tout simplement rendre les
sujets plus suggestibles et les inciter à simplement imiter le complice. C'est ce que prétend avoir démontré Stricker (1967). Une
telle possibilité est troublante étant donné que les résultats de
l'expérience de Schachter et Singer sont plus probants au sujet des
indices comportementaux que des rapports subjectifs. Finalement,
l'action de l'épinéphrine ne peut déclencher des réactions du système parasympathique qui, lui aussi, devrait être impliqué dans la
réactivité émotionnelle. D'autre part, le seul indice périphérique
qu'utilise la recherche est le rythme cardiaque mesuré avant l'injection et tout de suite après la session avec le complice. Plusieurs
auteurs considèrent cette procédure tout à fait insuffisante compte
tenu de l'ambiguïté de la signification de cette mesure et de sa
susceptibilité aux différences individuelles.

Un autre point qui est fortement reproché à la recherche concerne l'utilisation importante d'analyses à posteriori pour confirmer
les hypothèses de l'expérience. D'ailleurs, les auteurs auraient
dû expliquer pourquoi quelques sujets ayant reçu du placebo se
seraient cognitivement induits une activation physiologique alors
que, pour la majorité des autres, ce ne fut pas le cas. Finalement,
les chercheurs ne mentionnent pas avoir utilisé une procédure
double aveugle dans le cas de l'observation des comportements
et l'observateur pouvait aussi voir ce que faisait le complice. En
conséquence, la tendance, chez les observateurs, à coter des
comportements appropriés aux conditions expérimentales pourrait
avoir été influencée par ces faiblesses méthodologiques.

2.2.2. Les tentatives de reproduire l'expérience

Il y a, en outre, une limite supplémentaire très importante à
signaler. Il s'agit de la difficulté de reproduire indépendamment
les résultats de la recherche. Marshall et Zimbardo (1979) ont tenté
de retrouver les résultats de Schachter et Singer au sujet de la
manipulation de l'euphorie. Ils ont apporté plusieurs améliorations

à la procédure et ont ajouté des groupes témoins en vue de parer aux principales critiques méthodologiques mentionnées plus haut.

Leurs résultats ont été essentiellement négatifs : le comportement du complice n'a guère eu d'impact sur les sujets quelles qu'aient été les manipulations physiologiques ou cognitives. Cependant, ils ont constaté que l'activation physiologique n'était pas un stimulus neutre, mais qu'elle était plutôt la source d'un état affectif négatif. De même, Maslach (1979) a tenté de reproduire les conditions d'euphorie et de colère en utilisant la suggestion hypnotique comme procédure d'induction de l'activation physiologique. Là encore, l'auteur a fait en sorte d'ajouter des contrôles supplémentaires pour contrer les faiblesses méthodologiques de la recherche de Schachter et Singer. Cette tentative de reprise a aussi fourni des résultats discordants avec ceux de Schachter et Singer. Par contre, cette recherche montre aussi que l'activation physiologique tend à engendrer des états subjectifs à teneur affective négative. Schachter et Singer (1979) ont commenté ces deux tentatives non réussies de reproduire leurs résultats. Leur commentaire porte essentiellement sur des détails de procédure. Cependant, comme le fait remarquer Cotton (1981), il est inhérent à toute tentative de reprise d'une recherche de présenter des différences de procédures. Il s'agit de savoir si ces différences ont une pertinence théorique. Dans le cas qui nous préoccupe, si cela est vrai pour les tentatives de reprises que nous venons de rapporter, il en découle que la théorie de Schachter est beaucoup plus limitée qu'on l'avait prévu et que sa capacité de manipuler les réactions émotionnelles est fortement restreinte.

Il existe tout de même une tentative réussie de reproduire les données de Schachter et Singer. Erdmann et Janke (1978) ont cependant utilisé une autre drogue (l'éphédrine) et des procédures très différentes. En effet, la procédure d'induction émotionnelle consistait en la lecture de textes dont la teneur était soit neutre, soit orientée vers la joie, la colère ou l'anxiété. Les sujets expérimentaux avaient reçu soit une dose d'éphédrine, soit un placebo. La mesure dépendante critique était un rapport subjectif obtenu par l'intermédiaire d'une liste d'adjectifs (*adjective checklist*). Les résultats indiquent que, pour la joie et la colère, la présence de la drogue a accru l'intensité du rapport subjectif pertinent à l'émotion cible. Cette observation s'accorde avec la théorie de Schachter étant donné que les sujets ne savaient pas qu'ils recevaient une drogue produisant une activation physiologique : cela serait donc l'équivalent de la condition « sans information » de Schachter et Singer.

Par contre, dans le cas de l'anxiété, les résultats ne révèlent aucun effet lié à la manipulation pharmacologique. Cotton (1981) souligne que cette recherche, tout en allant dans le sens de la théorie schachtérienne, oblige d'émettre de sérieuses réserves. Tout d'abord, la drogue utilisée, contrairement à l'épinéphrine, est un stimulant ayant des effets à la fois centraux et périphériques. Il s'agit là d'une différence importante, et seule une recherche comparant l'épinéphrine et l'éphédrine dans des conditions similaires permettrait de saisir l'impact du changement de drogue. Il faut aussi déplorer le fait que la seule mesure véritable de l'émotion en soit une qui fasse uniquement appel à une liste d'adjectifs (voir la discussion à propos de cette procédure plus haut). De plus, l'effet n'apparaît pas au sujet de l'anxiété, ce qui limite l'étendue du phénomène. Finalement, de l'aveu même des auteurs, les effets obtenus sont faibles. En conclusion, il appert que la recherche de Erdmann et Janke ne peut être considérée comme un appui très fort à l'ensemble de la théorie de Schachter. Comme le mentionne Cotton (1981), l'histoire subséquente n'a pas été très généreuse pour la recherche de Schachter et Singer (1962) : c'est le sort qui a souvent été réservé à plusieurs expériences classiques.

2.3. Les retombées de la théorie de Schachter

En plus du débat qui vient d'être analysé et qui porte sur l'expérience la plus classique découlant de la formulation de Schachter, un nombre considérable de recherches ont été menées dans les vingt années qui ont suivi la parution des écrits fondamentaux de Schachter. En outre, il est possible de recenser un certain nombre d'autres perspectives théoriques qui s'inscrivent dans la foulée de l'approche de Schachter et qui ont stimulé plusieurs recherches empiriques. Donc, la théorie de Schachter a une valeur heuristique certaine.

2.3.1. Les recherches découlant de la théorie de Schachter

Il serait trop long, et cela déborderait le cadre strict de la psychologie de l'émotion, de faire une recension exhaustive de tous les travaux empiriques qui ont découlé des énoncés théoriques de Schachter. Reisenzein (1983) a publié une analyse de ce genre ; son étude regroupe les travaux empiriques en fonction de certaines hypothèses associées à la théorie. La première hypothèse se rapporte aux effets émotionnels d'une diminution ou d'une élimination de l'information viscérale. Cette question a déjà été abordée plus haut dans le présent ouvrage. La seconde a trait à l'attribution erronée de l'activation physiologique à une source émotionnelle concurrente.

Outre les publications portant sur la procédure de Schachter et Singer (1962), d'autres ont vérifié ce que l'on appelle «l'excitation transférée». Ce phénomène repose sur le fait que, une fois déclenchée, l'activation physiologique ne se termine pas brusquement. Cette latence implique qu'une activation physiologique provoquée par un exercice physique ou une réaction de sursaut se maintiendra une fois la situation déclenchante terminée et pourrait influencer la réactivité émotionnelle de sujets placés immédiatement après dans un contexte inducteur d'une émotion. Par exemple, il pourrait s'agir de mettre des sujets dans une situation potentiellement génératrice de colère tout de suite après qu'ils auraient effectué des exercices physiques violents. Dans un tel cas, il faut s'attendre que les sujets soient plus activés qu'ils ne le seraient sans les exercices préalables quand ils sont soumis à la situation inductrice. En conséquence, il se pourrait que les sujets infèrent que leur réaction physiologique dépend de la situation inductrice et ainsi augmentent leur réaction émotionnelle. De nombreuses recherches ont utilisé cette procédure (Reizensein, 1983 ; Sinclair, Hoffman, Mark, Martin et Pickering, 1994). Globalement, les résultats vont dans le sens des prédictions de l'approche. Cependant, tout en étant bien documenté, le transfert excitateur pose une foule de problèmes d'interprétation qui nous obligent à conclure à l'absence d'une explication univoque de cet effet.

Il en est de même dans le cas de procédures où l'activation physiologique est provoquée simultanément par une autre source concomitante à la situation inductrice. Ainsi, Dutton et Aron (1974) ont étudié l'attirance sexuelle de sujets masculins pour une expérimentatrice en associant la présence de cette dernière à une condition d'induction d'une forte anxiété. Cette procédure vise à ce que la forte activation physiologique provoquée par la situation anxiogène fasse l'objet, de la part des sujets expérimentaux, d'une attribution erronée : les sujets devaient l'associer à l'attirance qu'ils éprouvaient pour l'expérimentatrice. Par rapport à un groupe de contrôle, les sujets devaient manifester des indices plus intenses de cette attirance sexuelle. Cette recherche, comme d'autres du même genre (Reizensein, 1983), a obtenu des résultats conformes à l'hypothèse. Par contre, ces recherches font l'objet de critiques méthodologiques sérieuses et les tentatives de les répéter ont échoué. Pour le moment, la question de la justesse de cette extension de la théorie de Schachter reste sujette à caution.

En somme, force est de conclure que, du point de vue empirique, les déductions théoriques schachtériennes n'ont guère été appuyées. Ce jugement négatif ne doit cependant pas faire oublier la valeur heuristique de la théorie de Schachter. Cette valeur tire d'abord sa source des nombreuses recherches qui découlent directement des assertions de la formulation de Schachter. De plus, cette pertinence réside, de façon plus globale, dans son impact sur la recherche subséquente portant sur l'analyse cognitive en psychologie de l'émotion. Comme nous le verrons maintenant, plusieurs courants théoriques et empiriques découlent directement de l'analyse de Schachter. De toute façon, depuis Schachter et Singer (1962), il a été d'usage pour les chercheurs en psychologie de l'émotion de prendre position au sujet de l'interaction physiologie/ cognition. Et cet énoncé d'opinion se fait classiquement par rapport à la théorie de Schachter.

2.3.2. Les retombées théoriques du modèle de Schachter

1° La rétroaction faciale

Dans son analyse, Schachter propose que l'intensité de l'expérience émotionnelle provient de la perception des changements corporels issus de l'activation physiologique. La qualité de l'émotion (par exemple, la colère ou la joie) vient des inférences du sujet à propos de la situation où il se trouve au moment de sa réponse physiologique. Cependant, Laird (1974) soutient que, en plus des indices situationnels, une autre source d'inférence existe pour le sujet : le comportement expressif et, tout particulièrement, les expressions faciales. Ces dernières constituent un ensemble de réponses hautement différenciées qui pourraient, selon Laird, assurer la base d'une auto-attribution de la qualité distinctive de l'expérience émotionnelle. Laird (1974) émet l'hypothèse qu'une personne répond automatiquement aux circonstances inductrices auxquelles elle fait face. Cette réponse consisterait en deux composantes séparables, soit l'activation physiologique globale et les réponses expressives spécifiques. Ces deux ensembles seraient à la source de deux aspects distincts du processus d'attribution émotionnelle que sont l'intensité et la qualité de l'émotion. En conséquence, il devient pertinent d'évaluer le rôle du comportement expressif facial en tant que déterminant de la qualité de l'expérience émotionnelle. L'hypothèse de la rétroaction faciale est une avenue de recherche très actuelle, mais aussi très controversée (Buck, 1980 ; Laird, 1984 ; Leventhal, 1984). Cette question sera traitée plus en détail au chapitre 3 portant sur l'expression émotionnelle.

2° L'attribution causale sans interaction physiologique

Weiner (1982 et 1986) propose une théorie de l'émotion qui se fonde sur la tendance spontanée des sujets humains à chercher la cause des résultats de leurs comportements. Il prétend qu'il existe un nombre réduit de causes particulièrement évidentes pour le sujet. Ce petit nombre de causes plausibles posséderaient trois propriétés pertinentes : l'origine externe ou interne, la stabilité et la possibilité de contrôle. Selon Weiner, l'état émotionnel provient de la façon dont un événement est analysé et évalué, et particulièrement en ce qui a trait à la cause sous-tendant le résultat d'une action. Les attributions au sujet des causes revêtent une importance spéciale dans les cas d'analyse des échecs et des réussites. Ces attributions causales, selon leur nature, détermineront l'émotion spécifique qui sera ressentie.

Sur le plan empirique, Weiner (1986) fait appel à des données obtenues à partir de deux procédures. La première consiste à demander à des sujets étudiants de s'imaginer qu'ils ont réussi ou échoué un examen pour une raison particulière, variant selon les propriétés énoncées plus haut. Les sujets doivent alors rapporter, en se référant à une liste de termes émotionnels, l'intensité de la réaction affective qu'ils *croient* qu'ils ressentiraient dans une telle situation. La seconde fait appel à des souvenirs d'expériences passées d'échec ou de réussite que le sujet lie à une cause précise (encore selon les propriétés déjà mentionnées). Le sujet doit donc rapporter l'émotion ressentie à ce moment-là. Ces données vont dans le sens du modèle de Weiner et permettent de vérifier la tendance d'associer une catégorie émotionnelle déterminée à chaque type de causes (selon leurs propriétés). Par contre, il faut noter les limites majeures qui caractérisent les procédures de recherche utilisées. L'une fait directement appel à des inférences

– ce que le sujet pense que serait l'émotion – tandis que l'autre risque fort de susciter chez les sujets des constructions à posteriori. Finalement, il importe de faire remarquer que, dans l'approche de Weiner, le concept d'activation physiologique se fait plutôt remarquer par son absence (Weiner, 1982). Selon lui, l'activation physiologique suit parfois l'activité cognitive et l'expérience émotionnelle. Mais elle est tout à fait superflue pour les analyses d'attribution causale propres au modèle théorique. Les seuls antécédents pertinents sont les cognitions causales particulières auxquelles les émotions sont liées, ce qui revient à dire que la cognition est un déterminant suffisant de l'émotion et que l'activation physiologique n'en est pas un. Nous avons là une théorie purement cognitive, dont nous reparlerons lorsque nous traiterons des théories et recherches sur l'évaluation cognitive.

3° L'activation physiologique en tant que déterminant cognitif : l'effet Valins

Une formulation théorique comme celle de Weiner se veut purement cognitive en ce qu'elle nie toute intervention de l'activité physiologique dans la mise en marche de l'émotion. Par contre, Valins (1966) émet l'hypothèse que les indices physiologiques peuvent jouer un rôle dans le déclenchement de l'émotion par l'analyse cognitive que fait le sujet à propos de ce qu'il croit être une réaction physiologique qu'il aurait eue dans une situation donnée. C'est donc dire que Valins accorde aux indices physiologiques le statut d'indices interprétables qui peuvent ainsi fonctionner comme des cognitions qui seraient tout à fait indépendantes de l'activation physiologique réelle (Parkinson, 1985). Il en découlerait que deux cognitions seraient suffisantes pour déclencher une émotion spécifique quelles que soient les circonstances : l'une portant sur l'activation physiologique et l'autre, sur la cause de cette activation. Donc, le rôle de l'activation physiologique dans l'émotion consisterait à fournir une information cognitive qui dirait au sujet qu'un stimulus potentiellement de nature émotionnelle a eu des effets internes. En conséquence, selon cette formulation, l'émotion consisterait en un phénomène entièrement cognitif.

Cette prise de position théorique tire sa source d'une observation expérimentale appelée «effet Valins» (1966). L'objectif de la recherche était de vérifier la réaction émotionnelle de sujets à qui l'on avait fait croire qu'ils avaient réagi physiologiquement face à certains stimuli plutôt qu'à d'autres. Pour son expérience, l'auteur a recruté des sujets masculins en vue d'une recherche devant porter sur les réactions physiologiques à des stimuli à teneur érotique, à savoir des diapositives représentant des femmes nues de la revue *Playboy*. L'expérimentateur a fait croire aux sujets du groupe expérimental que leur rythme cardiaque était enregistré au moyen d'un appareil vétuste qui permettait d'entendre la réponse cardiaque. Aussi, a-t-on donné la consigne au sujet de ne pas tenir compte du bruit et de regarder les diapositives au nombre de dix. En fait, les sons entendus provenaient d'un préenregistrement du rythme cardiaque pouvant être contrôlé par l'expérimentateur. Parmi les dix diapositives, il y en avait cinq envers lesquelles le rythme cardiaque des sujets demeurait stable durant le visionnement. Par contre, dans le cas des cinq autres, certains sujets entendaient le rythme cardiaque augmenter de 72 à 90 battements par minute tandis que, pour d'autres, le rythme cardiaque passait de 66 à 48 battements par minute. Quant aux sujets du groupe témoin, ils entendaient des sons identiques soumis aux mêmes manipulations. Cependant, on les avait avisés du fait que ces bruits étaient volontairement manipulés par l'expérimentateur en vue d'étudier l'effet de la distraction.

Par la suite, l'expérimentateur a pris des mesures du pouvoir attractif des stimuli. Trois indices ont servi à cette fin : une première mesure consistait en la cotation des diapositives sur une échelle en pourcentage ; pour la deuxième, les sujets choisissaient cinq photos comme récompense pour leur participation à l'expérience ; finalement, un mois après l'expérience, les sujets devaient à nouveau coter les mêmes photos. Les résultats ont indiqué, en se basant sur les trois indices, que les sujets expérimentaux préféraient systématiquement les photos associées aux changements perçus de rythme cardiaque, peu importe la direction du changement. Dans le cas des sujets du groupe témoin, aucune préférence consistante n'est apparue.

Pour Valins, ces résultats indiquent que les sujets expérimentaux ont un besoin d'expliquer de façon pertinente les changements corporels qu'ils ont perçus. Pour ce faire, ils se réfèrent à leur environnement et il leur apparaît que la source la plus plausible de ces effets physiologiques s'avère les diapositives à contenu érotique. Ils en déduiraient que ces stimuli ont sur eux un effet particulier. D'ailleurs, lors de l'entrevue un mois plus tard, les sujets observaient plus attentivement les photos associées aux changements de rythme cardiaque. De plus, cet effet apparaît très puissant puisque Valins

(1974) rapporte que, même après une révélation détaillée des buts et de la nature exacte de la procédure, les sujets maintenaient leurs préférences. L'auteur en déduit que les sujets se comportent comme si les changements apparents du rythme cardiaque les amenaient à prendre conscience de certaines caractéristiques des photos qui induisent un changement durable et résistant de leurs préférences.

L'effet Valins semble être le phénomène influencé par le modèle de Schachter qui aurait engendré le plus grand nombre de recherches. Harris et Katkin (1975) de même que Parkinson (1985) ont analysé en détail les aspects méthodologiques et théoriques de l'effet Valins et des recherches qui en ont découlé. Du point de vue méthodologique, une première difficulté vient de ce que des consignes implicites peuvent jouer un rôle déterminant dans l'effet de préférence observé. En effet, selon Parkinson (1985), il serait vraisemblable de penser que les sujets ont déduit que l'expérimentateur s'intéresse à la valeur émotionnelle relative des diapositives. Ainsi, ils pourraient tendre à coter les stimuli en accord avec les indices cardiaques qu'ils perçoivent en vue soit d'aider l'expérimentateur à obtenir de bons résultats, soit de ne pas contredire les données physiologiques *objectives* que sont les réponses cardiaques. Parkinson fait remarquer à bon droit qu'un examen des publications pertinentes ne permet pas de croire que les dangers de consignes implicites aient été contrés.

Par ailleurs, les mesures prises, à savoir l'attirance et la répulsion, apparaissent peu liées à l'émotion proprement dite. Dans le premier chapitre, nous avons clairement laissé entendre que les préférences ne sont pas usuellement considérées comme des émotions. De toute façon, les stimuli utilisés (photos érotiques) sont en eux-mêmes des évocateurs potentiels d'émotions de sorte que les manipulations liées à la fausse rétroaction physiologique seraient plutôt des sources potentielles de modulation de l'intensité de l'émotion. Il faut enfin avouer que ces dernières années, les recherches sur l'effet Valins ont semblé diminuer considérablement.

4° Une perspective néoschachtérienne : Mandler

Mandler (1984, 1990) propose un modèle de l'émotion qui découle directement de l'analyse de Schachter. Pour lui, la genèse de l'émotion est en fait l'association au sein de la conscience de schémas cognitifs évaluatifs et de la perception de l'activation viscérale. Il en découle une construction se traduisant par une expérience unitaire globale qui est l'émotion. Ainsi, pour Mandler, les émotions possèdent deux grandes propriétés : elles comportent un aspect évaluatif et elles sont «chaudes», en ce sens qu'elles impliquent une réaction viscérale. C'est de la combinaison de cette activation physiologique avec une cognition évaluative que résulte l'expérience subjective d'une émotion.

Selon cette formulation, l'activité du système nerveux autonome agit comme déterminant et non comme un indice de l'émotion. Cette action causale se fait globalement et est la même pour toutes les émotions, et ce qui déclenche cette activité autonome, ce sont les interruptions. Il s'agit d'occasions où des conduites habituelles et bien ancrées chez l'individu échouent, ne peuvent se compléter ou, encore, sont inhibées. Cette réaction autonome déclenchée par l'interruption servirait à alerter l'organisme quant à l'occurrence d'événements importants dans l'environnement. Cependant, à elle seule, cette réponse physiologique ne suffit pas à provoquer une émotion. Ce déclenchement dépend, en outre, d'une évaluation cognitive concomitante.

Une telle activité cognitive repose sur une analyse de la signification de l'événement déclenchant la réaction autonome. Elle se fonde sur l'examen continuel et automatique que font les humains de leurs environnements internes et externes. Cet examen résulte en la construction d'interprétations selon les structures mentales présentes chez le sujet et ses attentes. Les significations découlant de l'analyse évaluative sont personnelles au sujet puisqu'elles sont issues de l'interaction entre la nature de l'événement déclenchant et l'ensemble des caractéristiques psychologiques propres à chaque sujet. Selon Mandler, une analyse évaluative est mise en branle spontanément dès qu'une réaction autonome se produit. L'expérience émotionnelle découle de l'association de ces deux composantes majeures que sont l'activation viscérale et l'évaluation cognitive.

Cette analyse théorique, en somme, reprend essentiellement les composantes fondamentales du système de Schachter. Toutefois, elle précise beaucoup mieux l'articulation des deux facteurs vus comme essentiels à l'émotion. En particulier, il faut noter la nature du mécanisme d'intervention de l'activation physiologique. De plus, les propriétés de l'analyse évaluative font l'objet d'une description beaucoup plus raffinée qui provient du fait que Mandler est d'abord un spécialiste de la psychologie cognitive. Par contre, il n'existe pas de soutien empirique direct du modèle de Mandler. Il faut avouer que l'insertion dans le temps de l'activation physiologique entre l'événement inducteur et l'analyse cognitive pose des problèmes pour la vérification empirique. Cela est d'autant plus vrai qu'il est connu depuis longtemps que les réponses autonomes ont une latence relativement forte.

3. L'évaluation cognitive et le déclenchement de l'émotion

Une conséquence directe de la contribution de Schachter est certes une préoccupation vigoureuse pour l'analyse du rôle des facteurs cognitifs dans le déclenchement de l'émotion. Il serait cependant abusif de considérer les études sur l'évaluation cognitive en émotion comme une simple retombée de la théorie de Schachter. Ce secteur de la psychologie de l'émotion est actuellement très important et a des origines qui lui sont propres.

L'importance de l'étude du mécanisme évaluateur en psychologie de l'émotion doit beaucoup à l'analyse théorique d'Arnold (1960). Cette dernière a proposé une explication élaborée des caractéristiques psychologiques de l'évaluation et des mécanismes neurophysiologiques qui la sous-tendent. Les composantes essentielles de l'évaluation consisteraient en des souvenirs d'événements et d'attitudes combinés à la répétition dans l'imagination des actions appropriées à la situation déclenchante actuelle. Cette activité mentale se ferait d'une façon immédiate et intuitive. Cette conception, voisine de celle de plusieurs auteurs tels Mandler et Lazarus, n'a cependant pas engendré de prédictions vérifiées empiriquement.

3.1. L'apport de Lazarus

Lazarus (1968) a rapporté une série de travaux empiriques visant à connaître les déterminants du processus de l'évaluation cognitive. Pour ce faire, il a utilisé la réaction émotionnelle de sujets à des films (stressants ou neutres) par l'intermédiaire de mesures physiologiques et subjectives. La manipulation de l'évaluation consistait à modifier le contenu des bandes sonores qui accompagnaient les films. Ainsi, dans les cas du film qui illustrait une cérémonie de circoncision chez des aborigènes en Australie, les commentaires d'accompagnement variaient de la façon suivante. Le premier type de commentaires en était un de *négation* où l'accent était mis sur le caractère joyeux de l'événement et l'absence d'aspects douloureux. Dans le cas du commentaire dit *intellectualisant*, la scène faisait l'objet d'une description technique tandis que le commentaire *traumatique* insistait sur l'horreur et la douleur que ressentait la personne victime de l'initiation.

Par rapport à une condition de contrôle (absence de commentaires), les deux premiers types de commentaires (négation et intellectualisation) amènent une diminution significative de la réaction émotionnelle alors que l'inverse se produit dans le cas du commentaire traumatique. Lazarus rapporte aussi des résultats de même nature en utilisant un film qui montre des accidents industriels. Ces données appuient l'idée selon laquelle l'émotion implique une évaluation préalable par le sujet de la signification pour son bien-être d'un événement. Cette évaluation dépendrait de facteurs situationnels et aussi d'autres facteurs liés à la culture et à la personnalité (Lazarus, Kanner et Folkman, 1980). À la suite de ces travaux, Lazarus a considéré l'analyse évaluative selon une série de composantes : évaluations primaire et secondaire de même que réévaluation. L'évaluation primaire fait appel à l'appréciation par l'individu de tout échange ou de toute rencontre quant à sa signification pour son bien-être. L'évaluation secondaire se rapporte à l'analyse des ressources qu'aurait l'individu pour faire face à la situation si l'évaluation primaire indiquait qu'elle est menaçante. Quant à la réévaluation, il s'agit d'un processus de rétroaction grâce auquel des modifications des évaluations primaires et secondaires se produisent au moment du déroulement de l'interaction de la personne avec son environnement. Ces concepts ont été particulièrement liés à l'analyse théorique du stress qui a longtemps été la spécialité première de Lazarus.

Par ailleurs, il a été démontré que la durée de la période d'anticipation d'un événement traumatique lors du visionnement d'un film illustrant des accidents industriels est importante. Selon que cette période est brève (de 5 à 10 secondes) ou longue (de 30 à 60 secondes), la force de la réaction émotionnelle varie, la réponse plus forte correspondant à la plus longue période. De même, dans le cas de l'anticipation d'un choc électrique, une période modérée d'anticipation (1 minute) suscite une plus forte réponse qu'une période brève (de 5 à 30 secondes) ou longue (de 3 à 20 minutes).

Selon Lazarus, une période brève n'accorde pas le temps nécessaire à une analyse adéquate du danger tandis qu'une période
intermédiaire laisse le temps nécessaire à cette opération mentale,
sans toutefois permettre au sujet d'élaborer des stratégies pour faire
face à la situation. Dans le cas de la période longue, le sujet, en
plus de faire une évaluation adéquate, peut imaginer des stratégies
pour faire face à la situation. Cette capacité, qui est confirmée par
les rapports subjectifs des sujets, entraîne une diminution de la
réactivité émotionnelle.

Même s'il a longtemps été possible de reprocher à Lazarus de
mettre trop l'accent sur des protocoles de recherche et une analyse théorique liés au stress (Strongman, 1978), ses travaux ont tout
de même permis de consolider les connaissances sur l'analyse
évaluative. Lazarus et Folkman (1984) ont utilisé les résultats qui
viennent d'être décrits pour proposer une approche qu'ils qualifient
de plus purement cognitive que celle de Schachter. En effet, selon
eux, une personne interagit avec son environnement physique
et social en fonction de valeurs, de croyances, d'engagements et
d'objectifs qui la prédisposent à l'émotion en la rendant susceptible
de réagir à certaines propriétés de la situation qui lui sont
subjectivement pertinentes. En conséquence, l'émotion et l'activation physiologique qui lui est associée dépendent de la façon dont
la personne analyse la situation. L'activation physiologique n'est
une composante essentielle à une émotion qu'une fois qu'elle est
déclenchée.

Les écrits récents de Lazarus montrent un changement
notable dans son orientation théorique : plutôt que de continuer à
se centrer sur l'analyse du stress en tant que tel, il propose maintenant d'intégrer ce dernier dans le cadre plus global de la psychologie de l'émotion (Lazarus, 1991 et 1993). Cette perspective
concorde bien avec celle d'autres auteurs (Kirouac, 1993 ; Scherer
1990). Cette réorientation permet d'étendre l'essentiel de l'analyse
de Lazarus à plusieurs entités émotionnelles spécifiques, notamment des émotions positives.

Ainsi, Lazarus (1991) propose deux grandes catégories
d'émotions : celles qui ne sont pas congruentes avec les buts de
la personne (émotions négatives) et celles qui le sont (émotions
positives). Chaque émotion, dans chacune de ces deux grandes
catégories, résulterait de l'intervention des composantes propres
aux évaluations primaire et secondaire. Par exemple, dans le cas

de la colère, la personne est mise dans une transaction qui est évaluée pertinente à un but et non en accord avec ce but et où l'image de soi est attaquée ou menacée : ce sont là les composantes de l'évaluation primaire. Quant à l'évaluation secondaire, elle comporte d'abord une composante de blâme en ce que la personne sait que quelqu'un est responsable de la situation évaluée. De plus, la personne évalue que l'attaque est la façon la plus conforme à ses ressources de faire face à la situation et qu'elle a une forte probabilité d'améliorer la situation sans danger excessif. Par ailleurs, pour la joie, l'évaluation primaire comporte une interaction évaluée pertinente à un but et en accord avec ce dernier. Il n'y a pas, dans le cas de cette émotion, de composante associée à l'image de soi. Au niveau de l'évaluation secondaire, le seul élément essentiel est que les attentes quant à l'avenir sont positives.

Les récents développements de la pensée de Lazarus sont très intéressants pour la psychologie de l'émotion en général et s'inscrivent bien dans un de ses courants dominants visant l'étude des éléments constituant l'évaluation cognitive lors du déclenchement de l'émotion. Cependant, ces nouvelles propositions ne sont pas vraiment dérivées de recherches menées directement par leur auteur sur cette question.

3.2. Les théories de l'évaluation cognitive

Vers le milieu des années 80, on a assisté à l'apparition d'une multitude de recherches empiriques visant à analyser les éléments qui feraient partie de l'activité cognitive responsable du déclenchement d'une émotion. Ces travaux ont servi de support au développement de plusieurs théories de l'évaluation cognitive. Il s'agit là d'une des approches les plus actives et les plus influentes de la psychologie de l'émotion actuellement.

Ainsi, à l'heure actuelle, un certain nombre de chercheurs d'orientation cognitive proposent une liste restreinte de dimensions ou composantes qui interviennent dans le déroulement du processus d'analyse ou d'évaluation cognitive qui interviendrait lors du déclenchement de l'émotion. L'agencement de ces éléments de l'évaluation déterminerait l'émotion précise qui serait ressentie. Scherer (1988), dans une recension de certaines propositions faites à ce sujet, analyse les procédures qui sont utilisées en vue de dégager les dimensions de l'évaluation cognitive. Une première procédure utilise des descriptions de scénarios rédigées par les chercheurs où des composantes pertinentes aux dimensions postulées varient systématiquement (Weiner, 1986). Par exemple, si l'une des dimensions postulées est que le blâme face à un événement peut provenir soit du sujet lui-même ou de quelqu'un d'autre, les diverses versions de scénarios différeront en fonction de ces deux possibilités. Les sujets doivent alors indiquer quelle émotion ils penseraient éprouver dans de tels contextes. Une variante de cette procédure consiste à demander aux sujets d'utiliser l'imagerie mentale en vue de ressentir réellement l'émotion plutôt que de seulement estimer ce qu'il ressentirait (Smith et Lazarus, 1993).

Une seconde méthodologie consiste à travailler à partir des descriptions de situations rapportées par des individus ayant déjà ressenti l'émotion cible (Scherer *et al.* 1986). En plus de vérifier si des sujets naïfs identifient la même émotion que celle rapportée originellement, il est possible de leur demander d'inférer les dimensions de l'évaluation cognitive que comporte le contexte inductif. Une autre technique encore consiste à demander aux sujets de rapporter une expérience émotionnelle passée et de coter les événements remémorés en fonction des dimensions postulées par la théorie mise à l'épreuve (Weiner, 1986).

Enfin, même si la méthodologie en cause est peu employée dans l'analyse des composantes de l'évaluation cognitive, certains chercheurs ont soumis des sujets à des situations induisant effectivement des états émotionnels. Ainsi, dans le cadre d'une situation d'examen universitaire, les sujets peuvent avoir à coter, avant et après la manipulation, la situation inductrice en fonction de dimensions associées à l'évaluation cognitive qu'ils en faisaient (Smith et Ellsworth, 1987).

Il se dégage de ces études un certain nombre de propositions quant à l'identité des dimensions caractérisant l'évaluation cognitive associée au déclenchement de diverses catégories émotionnelles. À titre d'illustration, le tableau 4 donne quelques exemples. Weiner (1982, 1986) propose une analyse des dimensions de l'évaluation cognitive dont nous avons traité plus haut. Elle est axée sur la tendance spontanée des sujets humains à chercher la cause des résultats de leurs comportements. Il prétend qu'il existe un nombre réduit de causes particulièrement évidentes pour le sujet. Ces causes plausibles posséderaient trois propriétés pertinentes : leur origine serait externe ou interne, elles seraient stables ou non et

pourraient être contrôlées ou non. Selon Weiner, l'état émotionnel provient de la façon dont un événement est analysé et évalué,
tout particulièrement quant à la cause sous-tendant le résultat d'une
action. Les attributions au sujet des causes revêtent une importance
spéciale dans l'analyse des échecs et des réussites. Selon leur nature,
ces attributions causales détermineront l'émotion spécifique qui
sera ressentie.

TABLEAU 4

**Composantes intervenant dans l'évaluation cognitive
de la situation déclenchante selon différents théoriciens**

Weiner	Scherer	Smith et Ellsworth	Roseman
Origine externe ou interne de la cause	Nouveauté Agrément	Agrément Effort anticipé	Motivation Situation
Stabilité de la cause	Rapports avec le but poursuivi	Certitude	Probabilité
Possibilité de contrôle de la cause	Possibilité de maîtrise Accord avec les standards	Activité d'attention Responsabilité (soi-même/ un autre) Contrôle de la situation	Légitimité Agent

    Scherer (1984) élabore un modèle du déroulement du proces-
sus d'évaluation des événements survenant dans l'environnement
qui fait appel à une série très rapide de séquences de traitement
de la stimulation dont les résultats respectifs déterminent la nature
et l'intensité de l'émotion qui s'ensuit. Il est important de noter que
ces séquences sont ordonnées en succession. L'analyse évaluative
de la situation déclenchante s'articule autour des cinq dimensions
suivantes : la nouveauté de cette situation, son caractère agréable,
ses rapports au but, la possibilité de la maîtriser et son accord avec
les normes du sujet. Ces composantes évaluatives entretiennent des
interactions complexes, lesquelles sont responsables de la grande
variabilité des états émotionnels de la vie courante. Comme
nous le mentionnerons plus loin, Scherer a étendu son approche
à plusieurs aspects et composantes des phénomènes émotionnels.

Smith et Ellsworth (1985), quant à eux, considèrent que six dimensions jouent un rôle dans l'évaluation cognitive de la situation préalable au déclenchement des émotions : le caractère agréable de la situation, l'effort anticipé pour faire face à cette dernière, la certitude quant à son issue, l'activité d'attention qu'elle exige, la responsabilité de son déclenchement (soi-même ou quelqu'un d'autre) et le contrôle de cette situation. Ces auteurs ont analysé jusqu'à dix dimensions de l'évaluation cognitive ; cependant, les six catégories mentionnées plus haut sont celles qui fournissent les résultats les plus probants.

Finalement, Roseman (1991) soutient que cinq dimensions propres aux situations inductrices interviennent dans la mise en branle des émotions : l'état motivationnel du sujet, la présence ou l'absence dans la situation d'éléments pertinents à cet état motivationnel, la probabilité d'occurrence de l'issue propre à la situation, la légitimité de l'issue de la situation et, finalement, la nature de l'agent responsable du déroulement de la situation (le sujet lui-même, une autre personne ou des circonstances externes). Il rapporte des appuis plus robustes en ce qui a trait aux trois premières dimensions.

Plusieurs autres auteurs analysent les mécanismes de l'évaluation cognitive et notent certaines ressemblances entre les diverses catégories qui viennent d'être exposées (Frijda, Kuipers et ter Schure, 1989 ; Ortony, Clore et Collins, 1988). Il est vraisemblable qu'en appliquant une analyse comparative serrée aux dimensions avancées par les différents auteurs, il serait possible de faire ressortir leur parenté. De plus, le nombre de catégories émotionnelles établies par chaque auteur de même que le laxisme plus ou moins grand quant aux critères de définition de ce qu'est une émotion peuvent constituer des facteurs de disparité entre les propositions théoriques. Enfin, la majorité des chercheurs ont procédé à l'aide de questionnaires plutôt que de situations *in vivo*. Dans de tels contextes, les grandes capacités cognitives dont sont dotés les humains peuvent leur permettre de catégoriser et d'apparier toutes sortes de termes de façon logique, sans que le résultat soit vraiment le reflet des opérations cognitives qui se produisent réellement lors d'émotions induites *in vivo*. En outre, les réponses des sujets aux questionnaires peuvent résulter de *scripts* émotionnels acquis par apprentissage social. Cependant, Mauro, Sato et Tucker (1992) de même que Scherer et Wallbott (1994) ont conclu à des différences minimes entre des individus de diverses provenances culturelles quant aux paramètres propres à l'évaluation cognitive.

Néanmoins, Parkinson et Manstead (1993) font une analyse critique élaborée de la méthodologie dominante dans la recherche sur les déterminants de l'évaluation, notamment ce qui vient d'être relevé ci-dessus, à savoir la carence d'études *in vivo*. Ils estiment que cette approche méthodologique fait trop exclusivement appel aux représentations mentales pour analyser l'émotion. De plus, ces techniques feraient comme si le sujet ressentant des émotions est un simple observateur détaché de ce qu'il vit plutôt qu'un participant actif. Enfin, elles ne mettraient pas assez l'accent sur le caractère interactif des situations émotionnelles : ils parlent de situation de monologue au lieu de dialogue. En conséquence, les auteurs proposent, entre autres, comme c'est prévisible, d'orienter davantage les travaux vers des études utilisant un contexte social de la vie réelle : cette tâche risque d'être ardue comme nous l'avons vu plus haut.

3.3. Conclusion

Comme nous le mentionnions au début de cette section portant sur l'interaction physiologie-cognition, l'approche de Schachter est considérée comme un point tournant dans la recherche sur les mécanismes émotionnels. Cependant, il appert que l'impact de la théorie de Schachter ne se situe pas tellement par rapport à la véracité des propositions particulières qu'elle contient. Son influence vient des nombreuses recherches qui en ont découlé et de la ramification des points de vue qui ont apparu. Finalement, il faut noter que ces diverses avenues de recherches et d'analyses théoriques ont de plus en plus consacré l'importance centrale des processus cognitifs dans la genèse de l'émotion aux dépens notamment des activités physiologiques périphériques. Il est de plus en plus courant maintenant de considérer comme Izard (1991) que ces processus physiologiques forment un système auxiliaire servant à amplifier et à soutenir l'émotion une fois qu'elle est déclenchée. Il s'agit alors d'une composante distinctive d'un état émotionnel par rapport à d'autres états affectifs. Cependant, son rôle déclencheur est à tout le moins fortement remis en question. Par ailleurs, l'importance accrue attribuée aux facteurs cognitifs rend nécessaire de consacrer une section spéciale à l'étude de l'évaluation cognitive dans le déclenchement de l'émotion. Il ne suffit plus de voir cette dernière comme une simple retombée de la théorie de Schachter.

La profusion des recherches à saveur «cognitiviste», tout particulièrement celle sur l'évaluation cognitive, oblige à reconnaître le caractère prédominant de cette approche en psychologie de l'émotion. Malgré les limites qui doivent être soulignées, les variables cognitives ont récemment acquis un statut empirique de plus en plus consolidé et leur impact se traduit en particulier par un foisonnement de conceptions théoriques. La question qui demeure est de savoir si ces derniers développements ont définitivement réglé la problématique séculaire posée par William James. Quoi qu'il en soit, compte tenu de l'importance actuelle du courant cognitiviste, il convient maintenant de s'arrêter à un autre débat qui a occupé très activement les spécialistes de l'émotion en même temps que se consolidaient les théories cognitives : il s'agit de savoir si l'émotion est une activité psychologique complètement dominée par la cognition ou si elle possède une indépendance réelle. C'est la question que nous aborderons à la section suivante.

4. L'émotion : une entité psychologique autonome ?

La question dont nous allons maintenant traiter ne concerne plus le débat entre une perspective périphéraliste ou centraliste en émotion. Il s'agit plutôt, en considérant essentiellement le système mental humain, de se demander si l'émotion ou le système affectif constitue une entité psychologique distincte et autonome par rapport à la cognition. Même si cette question peut sembler conduire à un retour dangereux à la psychologie des facultés du siècle dernier (Candland, 1977), elle a néanmoins connu une vigueur nouvelle en conséquence de la prise de position de Zajonc (1980) qui propose que la réaction affective possède une certaine indépendance par rapport à l'activité cognitive. De plus, Zajonc relate des faits empiriques qui visent à démontrer son point de vue. Plusieurs auteurs ont réagi à cette perspective théorique de Zajonc et ce problème a particulièrement préoccupé les chercheurs abordant le développement émotionnel. Sur le plan empirique, plusieurs travaux se sont attardés à vérifier les faits que Zajonc utilise pour appuyer sa conception. Cependant, Lazarus (1981, 1982, 1984) est l'auteur qui a ressorti davantage quant à sa forte opposition à la perspective de Zajonc. Nous accordons donc une place particulière au débat Lazarus/Zajonc à cause de son influence sur l'évolution de la question.

Izard, Kagan et Zajonc (1984) énoncent fort bien les éléments essentiels que comprend cette problématique. Tout d'abord, il faut se demander quelle est la nature de ce qui, du point de vue des définitions respectives, pourrait situer l'émotion et la cognition. Izard et ses collaborateurs (1984) font remarquer que la tendance générale serait de présumer, implicitement ou explicitement, qu'il y aurait des différences susceptibles d'être définies opérationnellement. Cependant, ces différences, et la relation émotion-cognition qui les accompagne, peuvent être considérées sous l'angle de deux conceptions distinctes. La première postule l'existence d'un seul système qui possède des fonctions différentes et mesurables. À ce moment-là, l'émotion constitue un facteur au sein de la cognition et du traitement de l'information. Par contre, la seconde conception propose la présence de deux systèmes séparés. Ces derniers seraient fortement en interaction et, possiblement, interdépendants. Il y aurait alors un système émotionnel séparé qui traiterait de l'information dite «affective». Un tel système influencerait le comportement indépendamment des processus cognitifs. Selon ce point de vue, les processus cognitifs interviennent par la mémoire représentative et par des processus symboliques qui viennent interagir avec le système affectif, entité autonome.

Pour Izard et ses collaborateurs (1984), cette question de la séparation des mécanismes cognitifs et émotionnels en deux systèmes a des implications importantes pour une composante centrale de l'émotion, c'est-à-dire l'expérience subjective. Si cette dernière se distingue de la cognition, il reste alors à analyser les relations de cet état avec la cognition et à préciser de quelle façon les sentiments s'associent ou interagissent avec les images et les symboles. Cette conception implique aussi que l'expérience subjective doit se définir comme comportant plusieurs composantes conscientes : les sentiments émotionnels mais aussi les images, les souvenirs et tous les autres produits du traitement de l'information. Quant à ceux qui estiment que l'expérience subjective émotionnelle est essentiellement de nature cognitive, il leur faut préciser ce qui constitue la composante cognitive de l'émotion par rapport aux autres produits des processus cognitifs. De plus, ils doivent aborder la question de la distinction entre la cognition portant sur l'émotion et la cognition qui est une composante de l'état émotionnel lui-même. Cette question revient à se demander comment l'identification et la représentation symbolique de l'émotion sont reliées à l'expérience subjective de l'émotion. Toutes ces questions posées par Izard et ses collaborateurs (1984) sont présentes depuis longtemps en psychologie de l'émotion. Il n'y a guère de réponses unanimes à ces problèmes. Cependant, les prises de position de Zajonc ont mis toute la problématique sur la sellette et ont ravivé le débat sur la place de l'émotion dans l'ensemble de l'économie du système mental humain.

4.1. L'indépendance de l'affect selon Zajonc

Dans une communication maintenant célèbre, Zajonc (1980) s'est efforcé de démontrer que les systèmes affectif et cognitif sont séparés et relativement indépendants. Il en découle que, selon lui, la réaction affective ne nécessite pas obligatoirement une phase préalable d'évaluation cognitive. Autrement dit, Zajonc s'est efforcé de démontrer que la réaction affective possède des caractéristiques qui lui assurent un caractère distinctif propre par rapport à la cognition. Il en propose plusieurs ; cependant, il faut noter que, ce faisant, il ne parle pas d'émotion mais plutôt d'affect, ce qui inclut les jugements affectifs et les préférences. Ce point important sera repris plus loin.

La première propriété importante pour Zajonc vient de ce que les réactions affectives se produisent plus vite dans le temps que la cognition. Cette affirmation s'appuie en particulier sur des données recueillies par Zajonc montrant que la préférence pour des stimuli peut s'instaurer chez des sujets en l'absence d'une capacité de les reconnaître. Il s'agit de recherches portant notamment sur l'effet de l'exposition préalable et qui seront présentées plus loin.

Une deuxième propriété consiste en ce que les réactions affectives seraient plus fondamentales : elles jouiraient d'une primauté sur les plans phylogénétique et ontogénétique. Zajonc tire cette conclusion de son analyse de plusieurs observations et inter-prétations du comportement animal et de la grande précocité des réponses émotionnelles chez l'enfant.

En outre, Zajonc insiste sur le caractère inévitable, persistant et impliquant pour le sujet qu'ont les jugements affectifs. Ces caractéristiques veulent refléter que les réactions affectives sont difficilement maîtrisables, surtout en ce qui a trait à l'expérience subjective et aux réactions autonomes, et que, tout particulièrement si l'on se réfère à la formation des impressions, elles se montrent très réfractaires aux changements malgré la présence d'informations qui vont à leur encontre. Finalement, Zajonc fait ressortir que les jugements affectifs ne portent pas que sur des objets ou des événements en eux-mêmes (ce qui caractériserait des jugements non affectifs) mais bien sur ces objets ou événements en relation avec le sujet qui émet les jugements.

Par ailleurs, Zajonc souligne que les réactions affectives ne sont pas facilement communicables par le comportement verbal. Selon lui, la communication affective se fait davantage par des véhicules non verbaux, en particulier par les expressions faciales. L'absence, chez l'humain, d'une représentation élaborée et précise sur le plan verbal indiquerait que le médium non verbal assurerait une représentation adéquate de l'affect. Il en découlerait des implications dans la façon dont se ferait le traitement de l'affect. Ainsi, il serait vraisemblablement plus pertinent de faire appel à des processus moteurs pour l'expliquer.

Tout cet ensemble de propriétés apparaissent suffisantes à Zajonc pour conclure à l'indépendance du système affectif par rapport au système cognitif. Du point de vue empirique, Zajonc utilise, comme preuve de cette autonomie de l'affect, des données sur l'effet d'exposition préalable. De fait, il est bien connu que des sujets tendent à préférer des stimuli anciens à de nouveaux stimuli (Zajonc, 1968). Cet effet pourrait fort bien résulter des changements cognitifs qui permettent la reconnaissance des stimuli déjà présentés. Cependant, Kunst-Wilson et Zajonc (1980) trouvent que cette préférence peut se manifester tout autant pour des stimuli anciens qui ne peuvent être reconnus, les sujets montrant alors une performance différente selon qu'ils font un jugement de reconnaissance (cognitif) ou de préférence (affectif). Dans cette expérience, la procédure consiste en la présentation de polygones pendant des durées très brèves (une milliseconde) de sorte que leur reconnaissance ultérieure apparaît hautement improbable. En fait, même s'ils préfèrent systématiquement les stimuli anciens aux nouveaux, les sujets ne peuvent reconnaître quels polygones ont déjà été présentés. Les auteurs tirent la conclusion que ces stimuli ont été traités par deux systèmes distincts, l'un affectif, l'autre cognitif ; d'où la démonstration d'une indépendance des mécanismes affectifs et cognitifs.

Quelques recherches ont tenté de reproduire ce phénomène. Les travaux de Seamon (Seamon, Brody et Kauff, 1983a et b ; Seamon, Marsh et Brody, 1984) montrent que la séparation entre préférence et reconnaissance se confirme dans le cas où la durée de présentation préalable des stimuli se situent entre deux et huit millisecondes. De plus, l'effet s'observe quand les tests de préférence et de reconnaissance sont passés immédiatement, une journée ou une semaine après la présentation préalable des stimuli. Il semble donc que le phénomène existe bien, quoique à l'intérieur de certaines contraintes temporelles et méthodologiques. D'ailleurs, Mandler et Shebo (1983), dans une recherche utilisant des stimuli plus complexes tels des mots et des peintures, observent que leurs sujets prennent plus de temps à juger s'ils préfèrent qu'à décider s'ils ont déjà vu ces stimuli. La procédure est cependant éloignée de celle des travaux associés à l'effet observé par Zajonc et Seamon. Pourtant, Mandler, Nakamura et Shebo-Van Zandt (1987), qui utilisent une méthodologie beaucoup plus proche, ne reproduisent pas le phénomène original. Cela confirme les contraintes et limites du phénomène, opinion d'ailleurs partagée par Tassinary, Orr, Wolford, Napps et Lanzetta (1984). À ce propos, Lee, Sundberg et Bernstein (1993) démontrent que parfois les préférences pour certains stimuli, notamment de simples formes géométriques, augmentent moins que pour d'autres et peuvent même diminuer après la répétition. Les caractéristiques inhérentes aux stimuli, et non pas seulement la seule répétition, semblent jouer un rôle important. Il se peut même que des stimuli soient perçus comme ayant crû en taille avec la simple répétition !

Par ailleurs, Murphy et Zajonc (1993) ont récemment tenté d'appuyer l'hypothèse de la primauté de l'affect en utilisant une procédure d'amorçage (priming). Si le système affectif peut se mettre en branle à partir d'un input minimal et peu de traitement cognitif, il est plausible que des stimuli possédant une charge affective qui seraient présentés hors du champ de la conscience (donc très rapidement) affectent les jugements ultérieurs. Un tel effet n'apparaîtrait pas pour des durées plus longues ou avec des stimuli sans pertinence affective. En conséquence, ils ont mesuré la préférence envers de nouveaux stimuli (symboles chinois) dans une procédure où, au préalable, les sujets étaient exposés à des stimuli dits « d'amorçage ». Ces derniers apparaissaient soit pendant quatre millisecondes, soit pendant mille millisecondes. Quatre conditions d'amorçage ont été comparées : une expression faciale de joie et une de colère (stimuli à pertinence affective positive ou négative) ; un polygone (stimulus sans pertinence affective) ; une condition de contrôle sans stimulus d'amorçage.

La mesure de la préférence pour les nouveaux stimuli montre que les groupes diffèrent selon le type de stimuli d'amorçage dans la condition de quatre millisecondes : alors que les groupes sans stimulus d'amorçage et avec un stimulus non affectif sont semblables, le groupe exposé à un visage colérique manifeste une préférence significativement moindre que les deux précédents. Quant au groupe exposé à un visage joyeux, ses données de préférence s'avèrent significativement plus élevées que celles des deux groupes de comparaison. Il n'y a aucune différence entre les groupes dans la condition d'amorçage de mille millisecondes. Il s'agit là de résultats qui risquent de redonner de la vigueur à la problématique de la primauté de l'affect dans l'hypothèse où ces données peuvent être reproduites et compte tenu que les mécanismes de l'amorçage donnent lieu à des interprétations cognitives variables (Fortin et Rousseau, 1989).

4.2. Les objections de Lazarus

Compte tenu de ses prises de position connues, il n'est pas étonnant que Lazarus (1982, 1984) s'élève vigoureusement contre les assertions de Zajonc. Tout d'abord, il reproche à ce dernier les conceptions qu'il véhicule au sujet et de la cognition, et de l'émotion. En effet, il souligne que Zajonc (1980) utilise un modèle traditionnel du traitement de l'information. Il en résulte que cette conception implique un traitement exhaustif, analytique et sériel et qui fait appel à un temps d'opération plutôt long. Ce modèle, qui peut convenir à ce que Zajonc veut proposer quant à la nature de l'affect, est obsolète et ne tient pas compte de développements récents en psychologie cognitive : il est maintenant courant de faire appel à des processus globaux, parallèles et préattentionnels.

En outre, Lazarus s'interroge sur la rigueur conceptuelle de Zajonc au sujet des mécanismes affectifs. Comment, demande-t-il, peut-on considérer des préférences comme étant des émotions ? Comme nous le soulignions au début du présent ouvrage, il existe une certaine ambiguïté terminologique dans le secteur de la psychologie de l'émotion. Une chose est certaine, Zajonc ne contribue pas à l'amélioration de la clarté des termes, comme l'indique une lecture de ses textes. Il semble considérer que des termes tels «affect», «émotion», «jugement affectif» et «préférence» sont parfaitement interchangeables. Il aurait avantage à préciser sa pensée compte tenu du fait que la préférence, jugement que les sujets des expériences de Zajonc sont contraints de poser, apparaît difficilement assimilable à ce qui constitue classiquement une émotion. Dans ce sens, les évidences empiriques de Zajonc portent sur une classe particulière d'affect difficilement généralisable à l'émotion. Lazarus soulève donc un point fort pertinent.

En plus des problèmes de terminologie, Lazarus s'élève contre la tentative de séparer émotion et cognition qui sont, de par leur nature même, fusionnées. Pour lui, les facteurs cognitifs viennent déclencher une analyse évaluative dès le début d'une réaction à une stimulation de l'environnement. D'ailleurs, Lazarus, fait remarquer que Zajonc se livre à des glissements conceptuels importants quand il parle de séparation entre émotion et cognition. Ainsi, plutôt que de parler d'indépendance totale, Zajonc dira souvent que la réaction affective exige une «participation cognitive minimale». Dans de tels cas, peut-on encore parler d'autonomie de l'affect?

Quant aux faits empiriques relatés par Zajonc, Lazarus rappelle que plusieurs apparaissent d'une pertinence douteuse pour l'émotion (préférences, jugements affectifs, réaction de sursaut). D'autres, selon lui, ne semblent pas posséder la valeur probante que leur accorde Zajonc. C'est le cas notamment des données ontogénétiques. Ainsi, l'observation d'expressions émotionnelles, faciales en particulier, chez des enfants très jeunes, malgré l'absence chez ces derniers de la capacité d'analyse cognitive complexe, peut simplement signifier que l'analyse cognitive est plus élémentaire et que, dans l'état actuel de nos méthodologies de recherche, nous ne sommes pas en mesure de la mettre en évidence. Au demeurant, Lazarus fait remarquer que l'observation de comportements expressifs classiquement liés à l'émotion ne fournit pas une preuve complète de l'existence réelle d'émotions. Ainsi, fait-il remarquer, l'apparition plus documentée de certaines émotions – la peur des étrangers, par exemple – ne se produit pas avant l'apparition de certaines compétences cognitives.

4.3. L'évolution du débat

Zajonc et Lazarus ne sont pas les seuls qui aient énoncé des opinions au sujet de la possible indépendance des systèmes affectif et cognitif. Mandler (1982, 1990) maintient essentiellement une prise de position qui recoupe celle de Lazarus. L'exposé antérieur de sa conception néoschachtérienne laisse entendre que, pour lui, la cognition est une composante essentielle au déclenchement de l'émotion et que l'émotion ne représente pas un système distinct. L'évaluation cognitive, processus antécédent indispensable à l'émotion, se construirait selon Mandler (1982), d'après des schèmes, concept emprunté à l'approche piagétienne. Ces schèmes permettraient une évaluation de la situation inductrice selon un mode configurationnel : il s'agirait d'une analyse globale et rapide. Cette dernière caractéristique pourrait laisser croire que la cognition n'est pas nécessaire au déclenchement de l'émotion, surtout si l'on fait appel au modèle séquentiel dont parle Zajonc (1980).

Tout en soulignant les ambiguïtés associées aux termes cognition et émotion, Leventhal et Scherer (1987) proposent une façon nuancée et plus complexe de concevoir la relation entre cognition et émotion. En effet, selon eux, le déclenchement et la construction des états émotionnels doivent se concevoir à trois niveaux de traitement qui ont des conséquences différentes quant à la question de la relation cognition–émotion. Le premier niveau, appelé sensorimoteur, a trait à des programmes moteurs-expressifs et des mécanismes d'activation cérébraux innés dont la mise en branle se fait automatiquement en réponse à des stimuli déclenchant. Le niveau schématique, quant à lui, intègre des représentations mnémoniques aux processus sensorimoteurs du niveau précédent. Là encore, ce niveau de fonctionnement est de nature automatique et ne fait pas appel à des mécanismes plus abstraits et contrôlés. Finalement, c'est au niveau dit « conceptuel » que se retrouvent les processus les plus complexes dans le traitement de l'information et la gestion des réactions émotionnelles. Ensuite, les auteurs insèrent dans ces trois niveaux les composantes de l'évaluation cognitive postulées par Scherer (voir plus haut). Comme le montre le tableau 5, les cinq composantes de l'évaluation cognitive s'exécutent au moyen de mécanismes différents selon le niveau en cause. À partir du développement ontogénétique, qui se réalise selon la séquence des trois niveaux exposés ci-dessus, les réactions émotionnelles font appel chez l'adulte aux trois niveaux et il est usuellement impossible d'observer séparément les différents niveaux à cet âge, bien que l'on puisse penser que le niveau sensorimoteur prenne une importance plus négligeable.

TABLEAU 5

Niveaux de traitement de Leventhal et composantes de l'évaluation cognitive de Scherer

(version française fournie par K. Scherer)

	Nouveauté	Agrément intrinsèque	Rapport aux buts	Potentiel de maîtrise	Accord avec les standards
Niveau conceptuel	Attentes : cause/effet, estimation des probabilités	Évaluation pos./nég. par anticipation souvenir ou découlement	Buts, plans conscients	Capacité à résoudre des problèmes	Idéal du Self, évaluation morale
Niveau schématique	Familiarité : comparaison des schémas	Préférences/ aversions apprises	Besoins, mobiles acquis	Schéma du corps	Schémas du Self et du social
Niveau sensorimoteur	Soudaineté : stimulation intense	Préférences/ aversions innées	Besoins de base	Énergie disponible	(Adaptation empathique ?)

Par ailleurs, Izard (1984) est un autre théoricien de l'émotion dont l'analyse situe cette dernière en tant que système distinct de la cognition. En effet, pour lui, l'émotion de même que la cognition sont deux sous-systèmes qui, avec quatre autres, constituent la personnalité. Chacun de ces sous-systèmes fonctionneraient, selon lui, de façon relativement autonome, mais tout en s'influençant et en interagissant les uns avec les autres de façon régulière. De plus, étant donné qu'Izard considère que les mécanismes émotionnels sont fondamentaux, à cause de leur rôle comme système motivationnel de base chez l'humain, il en découle, pour lui, qu'il est fructueux de concevoir le système émotionnel comme étant indépendant de la cognition. Cependant, la nature même du fonctionnement usuel des systèmes cognitif et émotionnel oblige d'analyser systématiquement leur indépendance et leurs interactions à des niveaux différents. Izard (1984) envisage trois lieux d'interactions : les niveaux neurophysiologique, expressif et subjectif.

Le premier niveau fait référence à l'existence de structures et de voies nerveuses qui sont plus impliquées soit au sein de l'émotion (système limbique), soit par rapport à la cognition (cortex cérébral). Izard émet l'hypothèse que la structure qui pourrait assurer la médiation entre l'émotion et la cognition serait l'hippocampe qui, en plus de jouer un rôle émotionnel, serait impliqué dans le traitement de l'information et de la mémoire. Du côté expressif, les patrons moteurs propres aux expressions faciales ne requièrent pas de médiation cognitive, selon Izard, qui fait alors référence aux données recueillies chez les très jeunes enfants. Les mécanismes de contrôle des expressions faciales seraient sous-tendus par des structures sous-corticales indépendantes et non liées à la cognition. Cependant, ces ensembles de réponses musculaires peuvent aussi être contrôlés volontairement. Une telle capacité peut donner lieu à d'éventuelles interactions émotions-cognition, particulièrement dans le cas du contrôle volontaire des émotions et de leur expression en situations sociales.

Finalement, du point de vue de l'expérience subjective, l'émotion constituerait une entité séparable pour deux raisons : d'abord parce qu'elle produit des états particuliers de la conscience qui découlent directement de l'activité du substrat neurophysiologique propre à l'émotion ; et, de plus, de nombreuses recherches laissent voir que l'émotion influence des processus cognitifs fondamentaux : la perception, l'apprentissage, la mémoire et les attitudes (Gilligan et Bower, 1984 ; Kirouac, 1994). Ces faits militent en faveur de l'indépendance de l'émotion, mais aussi ils appuient l'existence de l'interaction multiple de ces deux composantes.

En somme, Izard estime que, même si l'émotion et la cognition sont dans une forte mesure interdépendantes, un ensemble de faits suggèrent tout autant que les processus émotionnels et cognitifs possèdent un degré significatif d'indépendance. Donc, Izard insiste pour qu'il y ait une distinction établie entre l'émotion telle que nous la ressentons dans la conscience (*emotion as we feel it and experience it in consciousness*) et les processus cognitifs qui accompagnent l'émotion dans la conscience et que nous ne ressentons pas (*which we do not feel*). Selon Izard, sur le plan conscient, l'émotion constitue une catégorie spéciale d'expérience subjective. Il faut cependant avouer que cette intéressante analyse de Izard n'est pas dérivée d'une évidence empirique directe, mais plutôt d'une référence à plusieurs faits dont l'objectif n'est pas d'analyser clairement la relation émotion-cognition.

Plus récemment, Izard (1993) a étendu son analyse en distinguant quatre systèmes responsables du déclenchement de l'émotion, dont trois font appel à des processus de traitement qui ne seraient pas de nature cognitive. Le premier se situe au niveau des processus neurophysiologiques mêmes. Non seulement ces derniers font-ils partie de tout mécanisme générateur d'émotions, mais, en plus, certains systèmes neuronaux peuvent activer des émotions indépendamment de la cognition et, parfois, d'autres systèmes responsables de l'activation de l'émotion. Izard s'appuie notamment sur des données associées aux effets des neurotransmetteurs et de certaines drogues de même que sur les études utilisant la stimulation électrique du cerveau (voir la recension de Kirouac, 1994). Le second système, dit «sensorimoteur», fait appel à l'impact émotionnel de différents mécanismes moteurs et, tout particulièrement, l'expression faciale et la posture. La question de la rétroaction faciale est d'ailleurs un sujet très à la mode à l'heure actuelle (voir plus loin). Les mécanismes motivationnels constituent le troisième système générateur de l'émotion. Dans ce cas, Izard inclut le rôle inducteur d'états tels les besoins de base comme la faim ou la soif, d'autres changements cycliques de nature physiologique ou encore la douleur. Il considère aussi dans ce troisième système inducteur la fonction déclenchante d'émotions déjà présentes face à d'autres émotions. Ce n'est que le quatrième système qui est proprement cognitif et qui recoupe essentiellement les mécanismes postulés par les théories cognitives de l'émotion et tout particulièrement les tenants de l'analyse des composantes de l'évaluation cognitive. Selon Izard, ces quatre systèmes activateurs de l'émotion opèrent de façon continue et en interaction mutuelle, assurant ainsi le maintien et le déclenchement des états émotionnels.

Finalement, LeDoux (1989) propose une analyse neuropsychologique de la question que nous n'aborderons que brièvement. Selon ce dernier, l'émotion et la cognition sont médiées par des systèmes dans le cerveau qui sont séparés même s'ils sont en forte interaction. C'est au niveau des mécanismes responsables de la signification biologique des stimuli et notamment de l'évaluation «affective» de ces derniers que la séparation de l'émotion et de la cognition prendrait tout son sens. En effet, des circuits séparés évalueraient cognitivement et affectivement les stimuli. Le complexe amygdalien aurait un rôle très critique au niveau de l'évaluation affective et l'interaction émotion–cognition se ferait par le biais de connections entre le complexe amygdalien et des structures telles l'hippocampe (à rapprocher du point de vue d'Izard exposé plus haut) et le néocortex. Ce point de vue n'est pas sans soulever des oppositions. Parrott et Schulkin (1993) estiment qu'une analyse serrée de la littérature n'appuie pas les propos avancés par LeDoux. Ce dernier (1993) fait remarquer que, nonobstant la controverse suscitée par ces critiques, sa position a en plus le mérite de porter au niveau neuropsychologique ce qui, auparavant, était limité au seul point de vue psychologique. Cette extension justifie maintenant le recours possible à une contribution plus importante des neurosciences dans la poursuite des efforts de compréhension de la relation entre cognition et émotion (voir Scherer 1993a pour une analyse stimulante des possibilités ainsi offertes).

4.4. Conclusion

Le débat portant sur la relation entre émotion et cognition n'est donc pas clos étant donné la vigueur des arguments avancés par les deux camps, l'absence de résultats empiriques suffisamment concluants et la confusion terminologique qui entoure la question. Par rapport à ce dernier aspect, Buck (1985 ; 1991) propose de mieux nuancer la notion de processus cognitifs en émotion. Il suggère de faire une distinction entre cognition analytique et syncrétique. Comme il le mentionne, Zajonc, comme Lazarus, semble croire qu'une certaine forme d'information sensorielle est indispensable au déclenchement de l'émotion. Cependant, les deux ne s'accordent pas pour considérer que cette forme d'information sensorielle implique une intervention cognitive. Selon Buck, le concept de cognition syncrétique pourrait s'avérer utile puisqu'il fait appel à un processus qui, tout en étant plus qu'une simple sensation, ne requiert cependant pas une transformation de l'input : il fait appel à de l'information qui serait directement perçue par l'organisme sans intermédiaire analytique. Cela se produirait pour des informations biologiquement signifiantes auxquelles l'organisme est spontanément préparé à répondre (Gibson, 1979). Ce genre de «cognition» serait ce à quoi Zajonc fait allusion quand il affirme que la réaction affective implique un minimum d'activité cognitive. De plus, cette solution pourrait réconcilier davantage la perspective de Zajonc avec la psychologie cognitive actuelle, carence que lui reproche Lazarus.

Par ailleurs, il y a un problème plus fondamental qui se pose. Est-il vraiment rentable de tenter de savoir si oui ou non la cognition précède l'émotion? Plutchick (1985) prétend que cette controverse équivaut à un retour à un genre de débat comme celui se rapportant au problème de la séquence issu de la formulation de William James. Pour lui, il n'y a rien qui laisse entrevoir que la controverse opposant Lazarus et Zajonc ait plus de chances de se résoudre que le problème de la séquence. La raison en est que ce débat n'est pas de nature empirique, mais qu'il repose sur une question de définitions. Plutôt que de s'attarder à cette question de préséance temporelle entre deux éléments, Plutchick propose de faire appel à un modèle plus complexe dans lequel l'émotion consiste en une chaîne d'événements et d'éléments, dont certains ont des liens moins précis que d'autres et qui interagissent selon un système de rétroactions multiples. À ce moment-là, la simple question de la préséance émotion-cognition perd beaucoup de son sens, d'autant plus qu'avec un modèle de ce genre, il est difficile d'isoler une composante de la chaîne et de la faire jouer indépendamment des autres, comme le veut Zajonc. Ces dernières remarques de Plutchick laissent entendre que la psychologie de l'émotion a besoin de changer de paradigme de recherche : elle devrait passer du modèle à causalité linéaire à des analyses plus interactives où entrent vraiment toutes les composantes généralement postulées dans les diverses analyses de l'émotion. Ces remarques sont d'ailleurs fortement partagées par Leventhal et Scherer (1987).

3

L'EXPRESSION
ÉMOTIONNELLE

Selon certains auteurs (Plutchik, 1980a ; Candland, 1977), la recherche en psychologie de l'émotion a évolué en suivant certaines grandes traditions. Un exemple serait la tradition physiologique ou encore la tradition cognitive. Parmi ces grands courants, il y a la perspective évolutionniste. Cette dernière tire son origine des travaux de Darwin et remonte précisément à la publication en 1872 de l'ouvrage intitulé *The Expression of the Emotions in Man and Animals*. Dans ce livre, Darwin utilise sa théorie de la sélection naturelle comme cadre de référence en vue d'expliquer la communication sociale des émotions. Utilisant surtout les travaux antérieurs de Bell (1844) et de Duchenne (1862), il analyse particulièrement le cas de l'expression faciale des émotions. Il propose alors certaines avenues de recherche et soumet des propositions théoriques dont les retombées se sont maintenues jusqu'à nos jours (Ekman, 1973 ; 1982). L'influence de Darwin a eu deux conséquences principales. Tout d'abord, la perspective évolutionniste en psychologie de l'émotion s'est fortement centrée sur la communication émotionnelle. En outre, au sujet de la communication émotionnelle, la prédominance a été attribuée à l'expression faciale, même si Darwin attribuait aussi beaucoup d'importance à l'expression vocale (Scherer, 1986).

Cependant, il serait abusif de prétendre que l'étude de l'expression émotionnelle n'aborde que ces deux derniers canaux. De nombreux autres canaux expressifs attirent l'attention des chercheurs (Collier, 1985). Néanmoins, plusieurs de ces véhicules de communication sont traités dans le cadre plus général de la communication non verbale et, par conséquent, il existe une quantité beaucoup plus limitée de recherches sur l'aspect purement émotionnel de ces diverses modalités expressives. En conséquence, le présent chapitre traitera essentiellement de l'expression faciale et vocale.

1. L'expression faciale des émotions

Au cours des dernières années, la remontée de l'intérêt pour la recherche en émotion s'est accompagnée d'une augmentation considérable de publications portant sur l'analyse de l'expression faciale des émotions (Collier, 1985). En conséquence, il y a eu une diversification des thèmes abordés en recherche sur les expressions faciales (Ekman, 1982). Sur le plan théorique, il existe deux façons de concevoir la relation émotion–expression faciale. Une première met l'accent sur le rôle des expressions faciales au sein de la mécanique même de l'émotion. Les tenants de cette approche accordent à l'expression faciale une participation dans le déclenchement ou le déroulement du processus émotionnel. Une seconde conception s'intéresse à l'expression faciale en tant que véhicule servant à la communication sociale des émotions. Dans sa version la plus stricte, cette perspective implique que certains mouvements faciaux seraient produits quand une émotion est présente chez un sujet. En outre, les mouvements faciaux ainsi provoqués chez un individu, quand ils sont observés par d'autres individus généralement de la même espèce, sont interprétés par ces derniers comme une indication de la présence, chez l'individu émetteur, de l'émotion en question. Classiquement, cette seconde approche, contrairement à la première, ne considère pas l'expression faciale comme partie prenante au déroulement de l'émotion, mais plutôt comme une manifestation externe d'un processus interne (Hinde, 1985).

1.1. La rétroaction faciale

L'idée selon laquelle les réponses faciales joueraient un rôle dans la mécanique même de l'émotion se retrouve dans les écrits de Darwin. Cependant, l'origine plus contemporaine de l'analyse théorique et empirique de cette question est issue de l'analyse de Tomkins (1962, 1963) et a été poursuivie par Izard (1977, 1979a).

Cette position théorique a notamment donné naissance à l'hypothèse de la rétroaction faciale. Selon cette hypothèse, des réactions faciales distinctes provoqueraient des expériences subjectives d'émotions spécifiques et il serait possible d'établir une corrélation entre l'intensité des expressions et celle des sentiments subjectifs (Hager et Ekman, 1983).

Selon Tomkins (1962, 1963), l'affect, terme qu'il utilise à la place de « émotion », résulte du feed-back provenant d'un ensemble de réponses musculaires et glandulaires tout particulièrement au niveau du visage. Ces réactions consisteraient en des patrons innés associés à des émotions distinctes et seraient sous le contrôle de centres sous-corticaux. De même, Izard (1977) postule que l'émotion provient d'une activité organisée sous le contrôle de centres sous-corticaux et qui donne naissance à des réponses faciales génétiquement déterminées. Le feed-back sensoriel ayant pour origine le visage génère par la suite l'expérience subjective d'une émotion fondamentale particulière. En somme, ces propositions théoriques accordent à l'expression faciale un rôle déterminant dans le déclenchement et la spécificité de l'expérience émotionnelle. Pour Tomkins, d'ailleurs, cette fonction de l'expression faciale est prédominante par rapport à celle qui est liée à la communication sociale des émotions. Il devenait donc important de tenter de vérifier empiriquement ce possible rôle déclencheur des expressions faciales.

Certaines observations laissent entendre que les activités musculaires faciales jouent un rôle dans le déroulement de l'expérience émotionnelle. En effet, plusieurs chercheurs ont observé la présence, au moyen de l'électromyographie, de patrons spécifiques d'activité musculaire faciale chez des sujets qui ressentaient des émotions. Ainsi, dès les années 70, Schwartz et ses collaborateurs (1976a et b) ont demandé à des sujets d'imaginer des situations de joie, de colère et de tristesse et ont enregistré l'activité musculaire faciale pendant ce temps. Cette procédure a permis d'observer que des patrons distincts d'activité musculaire faciale étaient associés à l'imagination de chacune des catégories émotionnelles, sans que ces réponses faciales soient nécessairement visibles à l'œil nu. Ces résultats sont très intéressants malgré la nature corrélationnelle de la procédure qui ne permet pas de conclure à un rôle causal des mouvements faciaux dans la mécanique émotionnelle : il y a plutôt une indication qu'un patron musculaire facial particulier est un concomitant d'émotions discrètes et peut ainsi servir d'indice de la présence d'une émotion donnée. De nombreuses données illustrent l'intérêt des études électromyographiques (Caccioppo, Petty et Tassinary, 1989 ; Kappas, 1991). Nous y reviendrons plus loin.

Par ailleurs, il existe une autre catégorie de procédure qui vise plus directement à vérifier l'intervention des réactions faciales dans le déroulement de l'expérience émotionnelle. Les chercheurs manipulent expérimentalement les mouvements faciaux en vue de vérifier si des états émotionnels sont alors déclenchés. Une des premières tentatives dans ce sens se trouve dans la recherche de Laird (1974) qui portait sur ce qu'il appelle «l'auto-attribution» de l'émotion. Cette démarche se situe dans le cadre de l'analyse théorique de Schachter que nous avons vue précédemment. Selon Laird, si l'activation physiologique est une source d'information quant à l'intensité de la réaction émotionnelle, les changements des réactions expressives faciales fournissent une source d'information quant à la catégorie émotionnelle précise qui est impliquée (la joie ou la peur). En effet, selon Laird, ces réactions corporelles sont suffisamment différenciées pour rendre compte de la diversité des émotions. En d'autres termes, l'activation physiologique intervient dans l'attribution de l'aspect quantitatif de l'émotion tandis que les réactions faciales sont pertinentes à son aspect qualitatif.

La procédure expérimentale de Laird consiste à demander à des sujets de contracter volontairement certains muscles faciaux durant le visionnement de diapositives en vue de vérifier si cette intervention influencera la réaction émotionnelle des sujets devant ce matériel. Ce dernier illustre soit des jeunes enfants en train de jouer, soit des membres du Ku Klux Klan. Quant aux manipulations faciales, l'objectif de Laird est de faire produire par les sujets des contractions propres à la joie et à la colère. Pour ce faire, il a donné comme consignes à ses sujets de produire les réponses musculaires faciales du sourire ou du froncement des sourcils sans préciser la nature du changement d'apparence envisagé. Ainsi, les instructions données aux sujets mentionnaient que l'objectif de la recherche était de mettre en relation l'activité des muscles faciaux et la perception. Après avoir installé des électrodes sur la surface du visage aux endroits pertinents aux contractions musculaires envisagées, l'expérimentateur demandait aux sujets de contracter les muscles de la région où se trouvait une des électrodes sans spécifier la nature des changements d'apparence attendus.

L'hypothèse de la recherche était que les manipulations faciales augmenteront l'expérience subjective de l'émotion à laquelle chacune est associée en interaction avec la nature du matériel présenté aux sujets. Ainsi, les réactions devant les scènes avec des enfants comporteront une plus forte réponse de joie dans les cas où les sujets produisent des contractions musculaires de sourire et une réponse plus faible pour la même émotion quand les sujets froncent les sourcils. Quant au matériel portant sur le Ku Klux Klan, supposément inducteur de colère, les rapports subjectifs de tendance à l'agression auraient le patron suivant : augmentation avec le froncement des sourcils et diminution dans le cas du sourire. Finalement, des résultats de même nature étaient attendus dans une seconde expérience où les sujets devaient coter le niveau humoristique de bandes dessinées en utilisant le même type de manipulations faciales.

Les résultats obtenus vont dans le sens des hypothèses de Laird. La manipulation des réactions faciales s'accompagne d'une augmentation du rapport subjectif correspondant à la manipulation faciale. Cependant, l'effet des expressions sur l'expérience subjective est plus faible que celui du type d'illustration sur les diapositives. Néanmoins, Laird conclut que le comportement expressif facial peut servir à l'auto-attribution de l'émotion tout comme le niveau d'activation physiologique (au sens de Schachter). Par contre, les procédures de Laird posent certaines difficultés (Buck, 1980). Tout d'abord, il est fort probable que les sujets aient été influencés par des consignes implicites liées aux manipulations des mouvements faciaux. D'ailleurs, Laird a dû éliminer plusieurs sujets à la suite d'un questionnaire postexpérimental portant sur la capacité des sujets de deviner le but de l'expérience. En outre, la manipulation de la variable indépendante faisait appel à la production de contractions faciales d'une durée fort longue et inhabituelle. Cela ne correspondait pas au fonctionnement normal de la musculature faciale dans le comportement expressif et pouvait conduire, de façon erronée, à la confirmation de l'hypothèse. Enfin, Izard (1975) n'a pu confirmer ces résultats avec une procédure comparable.

Une autre recherche qui a eu beaucoup d'impact sur l'analyse de l'hypothèse de la rétroaction faciale est celle de Tourangeau et Ellsworth (1979). Elle visait à manipuler les expressions faciales de sujets sans les rendre conscients de la signification émotionnelle des mouvements provoqués et à mesurer l'effet de ces manipulations sur leur réaction subjective. Les expérimentateurs firent en sorte de mieux contrôler la présence de consignes implicites et d'user d'une plus grande subtilité dans la présentation du but de la recherche (présenté comme étant axé sur l'étude de la réaction physiologique à des stimuli subliminaux avec la prise de mesures physiologiques multiples). Aussi, les sujets étaient-ils répartis dans des groupes indépendants (plutôt que d'être soumis à toutes les conditions comme dans la recherche de Laird) et les deux expérimentateurs ignoraient soit la nature des manipulations faciales, soit la nature de la catégorie de film assignée au sujet (voir plus loin). Selon le groupe, le sujet devait exécuter des contractions musculaires associées à la peur ou à la tristesse ou encore une grimace non pertinente à l'émotion. Les critères de production se fondaient sur des travaux antérieurs décrivant les changements d'apparence propres aux émotions envisagées (Ekman, Friesen et Tomkins, 1971). La réussite des manipulations faciales fut vérifiée par deux juges indépendants qui ignoraient les conditions expérimentales assignées aux sujets. Ensuite, les sujets visionnaient l'un des trois films suivants : un induisant la peur, un provoquant la tristesse et un autre émotionnellement neutre. Ces qualités émotives avaient préalablement été vérifiées chez un autre groupe de sujets. Finalement, après le visionnement du film, chaque sujet devait répondre à un questionnaire portant sur son état émotionnel pendant qu'il regardait le film.

Toutefois, les résultats de cette recherche ne confirment nullement l'hypothèse de la rétroaction faciale ; les expressions faciales n'ont aucun effet sur les rapports subjectifs des sujets : elles n'ont aucun effet facilitateur ou inhibiteur sur les réactions émotionnelles associées aux films que visionnent les sujets. De plus, aucune corrélation n'a été établie entre l'intensité attribuée par les sujets aux expressions faciales qu'ils ont reproduites et les rapports subjectifs qu'ils donnent en réaction aux films. Les auteurs concluent que l'on ne peut croire, à partir de leurs résultats, que l'expression faciale est une condition nécessaire ou suffisante au déclenchement de l'expérience subjective de l'émotion.

Cette recherche, qui s'est révélée dévastatrice pour l'hypothèse de la rétroaction faciale, a suscité des réactions critiques importantes (Hager et Ekman, 1981 et 1983 ; Izard, 1981 ; Tomkins, 1981) dont certaines reprennent celles qui ont été faites à Laird

(1974). Le premier reproche adressé à cette recherche porte sur l'utilisation d'expressions faciales artificielles, c'est-à-dire reproduites délibérément par les sujets et non émises spontanément. En particulier, Izard et Tomkins estiment que seule l'utilisation d'expressions faciales spontanées peut servir à vérifier la véracité de l'hypothèse de la rétroaction faciale. Cependant, comme le soulignent Ellsworth et Tourangeau (1981), la formulation théorique d'Izard et Tomkins n'a pas toujours été très précise au sujet de la pertinence des mouvements faciaux spontanés quant à la vérification de l'hypothèse de la rétroaction faciale.

Par ailleurs, Hager et Ekman (1981) pensent que les expressions demandées par Tourangeau et Ellsworth suscitent de l'inconfort plutôt qu'une émotion spécifique, surtout à cause de l'intensité et de la durée de la réaction demandée aux sujets. Les mêmes auteurs s'interrogent sur la précision des contractions faciales qu'ont fait produire les chercheurs. En effet, les expressions de peur et de tristesse manipulées par les auteurs comportaient plusieurs éléments en commun et certains d'entre eux étaient plus difficiles que d'autres à exécuter. En conséquence, il aurait mieux valu vérifier tout le long de l'expérience que les mouvements faciaux précis demandés étaient continuellement présents (la même critique aurait pu être adressée à Laird). Finalement, le caractère artificiel et exagéré des contractions faciales demandées éveille des doutes, selon Hager et Ekman, quant à la prétention que les sujets n'ont pas pris conscience de l'importance et de la pertinence émotionnelle des expressions faciales.

Leventhal et Mace (1970) se sont intéressés à l'impact d'expressions faciales spontanées sur l'expérience émotionnelle. Cependant, leur manipulation a consisté à modifier la quantité de sourires spontanés lors du visionnement de films en vue de voir l'effet de cette intervention sur l'évaluation de ces films. Ainsi, chez des enfants visionnant un film comique, certains ont été incités à rire à volonté (sous prétexte d'obtenir un bon enregistrement des rires) et d'autres à ne pas rire (sous prétexte d'avoir un bon enregistrement de la bande sonore du film). Il en est ressorti que la condition produisant plus d'expressions faciales s'est accompagnée d'un jugement que le film visionné était plus drôle, tout particulièrement chez les sujets féminins. Toutefois, il ne s'agit pas là d'une indication directe du fait que les sujets ressentaient plus une émotion quelconque. En effet, l'évaluation d'un film quant à son caractère humoristique est une opération d'un niveau cognitif plus complexe que la seule évaluation de son expérience émotionnelle (Hager et Ekman, 1983).

L'ensemble de l'état actuel de la question par rapport à l'hypothèse de la rétroaction faciale montre de fortes divergences d'opinions. Certains estiment que la tendance va vers une confirmation de la théorie (Laird, 1984 ; Rutledge et Hupka, 1985 ; Laird et Bresler, 1992), alors que d'autres pensent que le bilan est plutôt négatif (Whissell, 1985 ; Winton, 1986). Enfin, Leventhal propose de rejeter le modèle qui se réfère à la simple rétroaction faciale et présente un mécanisme plus complexe où l'interaction entre les mécanismes de contrôle volontaire et spontané du système moteur expressif jouerait un rôle déterminant (Leventhal, 1980 et 1982). Selon cette conception, une émotion serait ressentie lorsque le système moteur expressif spontané l'emporte sur le contrôle du système volontaire. Cependant, il n'existe actuellement aucun fait empirique direct qui puisse appuyer cet énoncé théorique (Leventhal, 1984).

Par ailleurs, Zajonc a élaboré une autre formulation théorique très différente concernant le rôle inducteur des réponses faciales ; il s'agit de la théorie vasculaire de l'induction émotionnelle (Zajonc, 1985). En se fondant sur une proposition ancienne de Waynbaum (1907), Zajonc postule que les mouvements musculaires faciaux, par le biais de leur action sur le sinus caverneux du crâne, affectent le volume de la circulation veineuse et, par le fait même, le refroidissement du flot sanguin artériel vers le cerveau. De tels changements de température auraient des effets neurochimiques au niveau de l'hypothalamus qui s'accompagneraient de conséquences affectives. Zajonc, Murphy et Inglehart (1989) tentent d'appuyer cette proposition au moyen de recherches expérimentales. Ils montrent que l'exécution de réponses faciales (par la production de sons) semblables à des expressions émotionnelles (par exemple, le sourire) engendre des états affectifs différents et des changements concomitants de la température du front. Les baisses de température s'accompagnent d'un état affectif positif, l'inverse se produisant pour les élévations de température. De plus, ces mêmes auteurs étudient les effets affectifs de l'inhalation d'air relativement frais (18,9 degrés) ou chaud (32,2 degrés). Ils observent que l'air frais est plaisant, tandis que l'air chaud est aversif. Ces résultats étonnants laissent perplexe. De toute façon, ils indiquent non pas un effet inducteur d'émotions spécifiques, mais plutôt une hausse ou une baisse d'un état plus général de plaisir ou de déplaisir.

Enfin, Levenson, Ekman et Friesen (1990) dégagent une relation beaucoup plus diversifiée entre la production de réponses faciales, les réponses autonomes concomitantes et l'expérience subjective de nature émotionnelle. Ils rapportent une série d'expériences où la manipulation des réponses faciales se fait à partir de configurations décomposées en unités musculaires. Une vérification minutieuse permet de s'assurer que les composantes propres à six émotions spécifiques sont produites par les sujets. Les résultats montrent clairement que ces réponses faciales volontaires et spécifiques s'associent à des patrons distincts de réponses autonomes et produisent une expérience subjective propre à l'émotion visée par la configuration faciale délibérément produite par les sujets. Les auteurs interprètent ces résultats en postulant que les signaux allant du cortex moteur vers le nerf facial s'accompagnent d'un ensemble de commandes parallèles qui se dirigent vers les mécanismes de contrôle du système nerveux autonome et de l'expérience subjective. Pour eux, l'explication est donc centraliste et ne fait pas appel, comme c'est le cas pour les théories classiques du feed-back facial, à un mécanisme prenant sa source dans l'action musculaire faciale elle-même. Autrement dit, ces auteurs ne croient pas que le mouvement musculaire facial lui-même ou le feed-back provenant du mouvement soit nécessaire à l'émotion ou à l'activité autonome associée à l'émotion.

Une façon plus nuancée de concevoir le rôle des expressions faciales dans le contrôle des états émotionnels consiste à proposer qu'elles assument une fonction de modulation quantitative au lieu d'un effet direct de déclenchement des émotions. Cette idée était déjà présente dans les analyses de Darwin. Une contribution fondamentale à ce sujet provient des importants travaux de John Lanzetta et ses collaborateurs (voir la recension exhaustive de McHugo, soumis). Globalement, les nombreuses recherches de cette équipe montrent que des procédures incitant les sujets à produire des expressions faciales ou à les augmenter intensifient l'expérience subjective et les réactions corporelles associées à l'émotion. Par contre, l'inhibition de l'expression affaiblit ces deux composantes du processus émotionnel.

Ainsi, deux études récentes ont illustré de façon élégante la contribution de Lanzetta et ses collaborateurs. Bush, Barr, McHugo et Lanzetta (1989) se sont intéressés à l'effet d'une inhibition délibérée du comportement expressif de même qu'à celui de l'imitation inconsciente de l'expression d'autres sujets. À cette fin, des sujets ont regardé des extraits de scènes filmées de comédies. À cette occasion, des mesures d'électromyographie faciale et du rythme cardiaque de même que des rapports subjectifs ont été recueillis. La moitié des sujets avaient pour consigne de réagir spontanément aux scènes comiques tandis que l'autre moitié devait inhiber toute expression faciale. En outre, en vue de faire sourire les sujets sans qu'ils en soient conscients, à plusieurs reprises, des périodes où un auditoire riait furent insérées durant les extraits de comédies. Les résultats des sujets qui réagissaient spontanément indiquent une augmentation de l'activité des muscles associés au sourire durant les périodes comportant un auditoire qui riait de même qu'une augmentation du rythme cardiaque. Ces sujets ont de plus jugé ces périodes plus amusantes. Par contre, les sujets qui devaient inhiber leurs expressions n'ont manifesté aucune des trois réactions observées chez le premier groupe. C'est donc dire que l'induction spontanée de réaction faciale s'accompagne d'une augmentation de la réaction émotionnelle des sujets en présence de conditions appropriées.

Par ailleurs, Hess, Kappas, McHugo, Lanzetta et Kleck (1992) ont demandé à des sujets de s'induire quatre états émotionnels (joie, tristesse, colère et le calme). Cette induction devait se réaliser selon trois conditions : ressentir uniquement l'émotion ; exprimer l'émotion sans tenter de la ressentir ; exprimer et ressentir l'émotion. Les sujets devaient appuyer sur un bouton dès qu'ils avaient engendré l'état émotionnel requis. Des mesures d'électromyographie faciale et du système nerveux autonome furent prises de même que le temps qui s'est écoulé avant d'appuyer sur le bouton. Même si les résultats indiquent la présence de réactions physiologiques distinguant les quatre états émotionnels, le résultat le plus critique pour notre propos est certes l'observation que la latence de pression a été plus courte dans la troisième condition par rapport à la première condition : cela indique clairement l'effet facilitateur de l'expression faciale dans le déclenchement de l'émotion.

En somme, la question de la rétroaction faciale a suscité de nombreuses recherches et les explications théoriques de son rôle se ramifient actuellement. Nous ne disposons pas encore de données permettant de choisir entre toutes les variantes proposées (Ekman, 1992a). Il est en outre intéressant de constater que Izard, un des auteurs à l'origine de la théorie classique du feed-back facial, a récemment publié une version plus nuancée de cette théorie mettant plus fortement l'accent sur la modulation de l'expérience émotionnelle que sur sa genèse (Izard, 1990). De toute façon, la présence persistante de cette question du rôle des expressions faciales dans la mécanique émotionnelle est l'un des indices des retombées encore actuelles de la théorie de l'émotion énoncée par William James (Laird et Bresler, 1990).

Malgré toute l'importance que continue d'avoir la recherche sur le rôle de l'expression faciale dans le contrôle du processus émotionnel, une très grande proportion de chercheurs ont privilégié le rôle classique accordé depuis longtemps aux expressions faciales : celui d'être le reflet de processus centraux de nature émotionnelle (Buck, 1980 et 1985). Il s'agit alors de considérer l'expression faciale comme un comportement manifeste servant à la communication sociale des émotions. Nous allons maintenant nous attarder à cette question. Cependant, il est bon de se rappeler que l'accumulation des données sur les deux façons de considérer les expressions faciales nous oblige de plus en plus à envisager la possibilité que cette séparation soit artificielle (Kappas, 1991).

1.2. La communication émotive par expressions faciales

Une première question qui se pose à l'égard de la communication émotionnelle par expressions faciales se rapporte à la nature précise du message encodé et décodé. Généralement, il est convenu de croire que l'information porte sur des catégories discrètes d'émotions dites «fondamentales» (la joie, la surprise, la peur, le dégoût, la colère et la tristesse). Cependant, cette référence à des émotions fondamentales doit se situer dans le contexte de la problématique énoncée auparavant au sujet du vocabulaire de l'émotion et des émotions fondamentales (voir le chapitre 1). De plus, Mandler (1984) estime qu'il est erroné de penser que les mouvements faciaux sont l'expression externe d'un état émotionnel interne. Pour lui, les mimiques faciales sont plutôt des vestiges d'un système archaïque de communication et l'observateur humain tend à traiter cognitivement ces stimuli en leur accordant une teneur émotionnelle.

Ce point de vue, minoritaire actuellement, s'accorde cependant assez bien avec celui de l'éthologiste Salzen (1981) qui prétend que les mouvements faciaux sont prioritairement des signaux indiquant des tendances comportementales du sujet émetteur. Kirouac, Bouchard et Saint-Pierre (1986) ont étudié le décodage des expressions faciales en utilisant des catégories éthologiques (Redican, 1982). Les taux de reconnaissance sont exacts, mais inférieurs à ceux qui sont obtenus avec des catégories émotionnelles. Frijda (1986) propose, lui aussi, une analyse des expressions faciales où le concept de tendances à l'action occupe une place centrale. Seul le progrès de la recherche permettra de mieux préciser la nature exacte du message véhiculé par les mimiques faciales, même si les nombreuses facettes des données empiriques dont nous traiterons plus loin laissent clairement entendre que les expressions faciales peuvent transmettre un message de nature émotionnelle.

Cependant, toute analyse de la fonction communicative des mouvements faciaux doit tenir compte du fait que ces derniers ne servent pas uniquement à transmettre de l'information de nature émotionnelle. En effet, ils ont un rôle important à jouer dans la régulation des conversations. Leur fonction consiste alors à ponctuer ou à souligner le contenu du discours (Ekman, 1979). En outre, les signaux émotionnels faciaux se divisent au moins en trois catégories : 1) les expressions spontanées qui sont liées à une émotion précise qui est ressentie au moment même où le comportement facial se produit ; 2) les expressions simulées qui représentent des tentatives délibérées de tromper ; et 3) des expressions emblématiques qui visent à faire uniquement référence à une émotion sans la moindre présence d'un état affectif chez l'émetteur ou la moindre tentative d'en simuler un (Ekman et Friesen, 1982). La distinction entre expressions simulées et ressenties est d'une importance critique dans la compréhension de la fonction communicatrice des expressions faciales (Ekman, 1985). Des données intéressantes s'accumulent à ce sujet (Hess, Kappas, Kleck, HcHugo et Lanzetta, 1989). Malheureusement, leur analyse dépasserait la portée du présent travail.

De plus, par définition, une analyse de la communication sociale des émotions par les expressions faciales exige la prise en considération des deux éléments essentiels du processus de transmission d'information : l'émetteur (encodeur) et le récepteur (décodeur). En effet, la pertinence d'étudier les mécanismes de reconnaissance des stimuli faciaux émotionnels devient d'autant plus grande que l'on aura une connaissance approfondie des conditions et des variables qui sont liées à l'émission des réponses qui sont décodées. Ce lien intime entre émission et réception ressort particulièrement bien des travaux de Lanzetta et de ses collaborateurs qui démontrent que, lors de l'observation de mouvements faciaux émotionnels, les sujets décodeurs émettent aussi des réponses faciales qui sont détectables par électromyographie (Lanzetta et McHugo, 1989). De même, Chiva (1985) observe que, dans des recherches sur la réponse gustofaciale chez les enfants, les mères qui assistent au déroulement de l'expérience font des réponses faciales qui correspondent à celles émises par les enfants. Finalement, Dimberg (1990) mesure les réponses électromyographiques de sujets visionnant et identifiant des diapositives illustrant la joie ou la colère. Cette procédure a permis d'observer que, lors de l'inspection visuelle des stimuli faciaux, les sujets exécutaient des réponses faciales différentes selon l'émotion qui était représentée. De plus, la composition de ces réponses renfermait des éléments musculaires typiques de ceux observés dans la production des configurations faciales des émotions présentées.

Devant ces données intéressantes, on se demande si les réponses faciales du décodeur peuvent jouer un rôle dans les mécanismes de l'identification. S'inspirant d'une proposition dans ce sens faite au début du siècle par Lipps qui prétendait que la tendance spontanée à imiter les expressions auxquelles nous sommes exposés est à l'origine de l'identification que nous en faisons, Wallbott (1991) a mesuré la reconnaissance d'une série d'expressions faciales tout en enregistrant les réponses faciales faites par les sujets durant la tâche. Puis, il leur a demandé, deux semaines plus tard, d'indiquer quelle émotion ils avaient préalablement décodée dans les diapositives en se basant uniquement sur le visionnement de leurs propres réponses faciales à ces stimuli. Les résultats indiquent une forte correspondance entre les deux types de jugements. L'auteur interprète ces résultats comme appuyant l'idée que l'imitation des expressions faciales contribue à leur reconnaissance. Cette question a également été abordée par Kappas (1991) qui fait mention de ce qu'il appelle l'illusion de l'observateur neutre. Selon lui, l'observateur, durant son décodage des états émotionnels d'autrui, participe à un processus de transmission émotionnelle qui influence directement son état interne. En conséquence, cette modification de l'état interne du décodeur peut directement influencer son traitement de l'information inhérente aux expressions émotionnelles qu'il observe (voir la figure 5). Ainsi, une contribution importante à ce processus de modification de l'état interne de l'observateur aurait pour source des réponses faciales qu'il produit lui-même lorsqu'il examine des réactions faciales des autres. Dans un livre récent sur la contagion émotionnelle, Hatfield, Cacioppo et Rapson (1994) montrent toutes les ramifications que peut avoir cette perspective dans de nombreuses sphères et notamment dans celle de la psychologie appliquée.

Une conséquence de ce genre d'analyse, même si elle demande beaucoup plus d'appuis empiriques, est de rendre un peu artificiel le traitement séparé des données sur l'encodage et le décodage des expressions faciales. Cependant, une telle procédure a le mérite de mieux isoler les mécanismes propres à chaque aspect. Cette préférence «pédagogique» ne doit pas nous empêcher de tenir compte de ses limites. La première question que nous nous poserons est de savoir si, en présence d'états émotionnels particuliers, il y a production de réponses faciales qui sont spécifiques à cet état émotionnel. Par la suite, nous traiterons des capacités des sujets à décoder les expressions faciales émotionnelles.

1.2.1. L'encodage des expressions faciales émotionnelles

Les études portant sur l'encodage des expressions faciales émotionnelles, appelées aussi études de composantes, reposent sur la nécessité de connaître la nature précise du message émis dans le cadre de la communication sociale des émotions. Il s'agit de considérer en quelque sorte les expressions faciales comme des variables dépendantes lors de la manipulation ou de l'induction d'états émotionnels particuliers.

Certaines difficultés de taille sont cependant à considérer. La première a trait à la technique de mesure des réponses faciales. Cet obstacle a été considérablement contourné par des développements majeurs dans ce domaine. Ekman et Friesen (1978) ont mis au point une méthode de codification particulièrement raffinée. Cette technique, appelée Facial Action Coding System (FACS), est basée sur l'anatomie musculaire faciale (Hjortsjö, 1970) et décrit tous les mouvements faciaux visibles, que ces derniers soient reliés ou non à l'émotion. Izard (1979b) a développé une méthode similaire qui,

FIGURE 5

Illustration des variables affectant la performance de décodage chez un observateur en interaction avec une autre personne

(D'après Kappas, 1991)

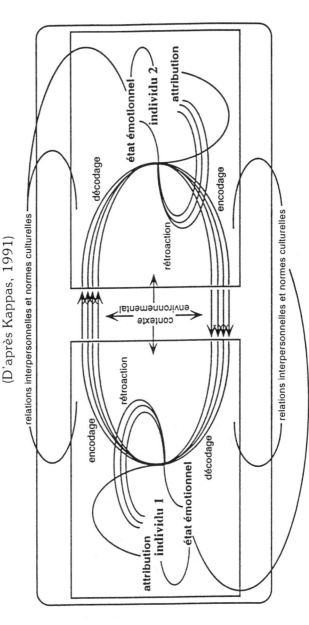

Plusieurs facteurs situationnels et paramètres propres à l'état du sujet peuvent jouer un rôle. Ainsi, on peut observer la présence d'une rétroaction associée à l'état émotionnel du sujet comme cela est mentionné dans le texte.

toutefois, est moins élaborée et convient surtout aux enfants. Ces deux systèmes sont de loin les plus utilisés à l'heure actuelle.

La seconde difficulté porte sur l'identification et la manipulation des paramètres susceptibles de constituer les situations devant induire une émotion. Il apparaît pertinent d'étudier des réponses faciales uniquement dans le cas de situations inductrices qui déclenchent une émotion spécifique de façon fiable. Il faut donc utiliser des critères permettant de s'assurer de la présence réelle de l'émotion désirée. Cette problématique a déjà été abordée dans la section 3 du premier chapitre de cet ouvrage. Nous faisions alors mention de progrès intéressants associés à l'étude des situations inductrices en général et des techniques *in vivo* en particulier.

Maheux (1985) a obtenu des résultats indiquant que des sujets peuvent apparier des expressions faciales appropriées à des situations inductrices exposées par écrit. Dans cette expérience, les sujets visionnaient deux diapositives en même temps. La première contenait le texte d'une situation inductrice d'une émotion donnée (la joie, la surprise, la peur, le dégoût, la colère ou la tristesse) très bien reconnue (Doré et Kirouac, 1985). La seconde illustrait un personnage exprimant facialement les six mêmes émotions. Le sujet devait alors choisir le visage qui convenait à la situation.

Certaines recherches proposent une étude de la relation entre l'induction d'émotions et les réponses faciales concomitantes. Nous ne nous arrêtons plus aux études électromyographiques mentionnées auparavant, d'autant plus que ces recherches ne mettent pas l'accent sur la production de réponses faciales visibles à l'œil nu, rendant impossible l'étude éventuelle de la reconnaissance des réponses ainsi produites. Cependant, ces résultats apportent un soutien intéressant à l'idée que l'induction émotionnelle peut s'accompagner de la présence de réactions faciales distinctes. Par ailleurs, Ekman, Friesen et Ancoli (1980) ont utilisé la présentation de films préalablement sélectionnés pour leur valeur inductrice des émotions de joie, de peur et de dégoût. L'enregistrement des mouvements faciaux fut réalisé pendant la projection à l'insu des sujets. L'analyse du matériel ainsi obtenu au moyen du FACS a permis d'observer des patrons spécifiques et distincts pour les trois émotions visées. Cependant, la valeur communicatrice des réponses faciales n'a pas été étudiée, aucune analyse de la reconnaissance des expressions faciales obtenues n'ayant été faite. De plus, l'unique indice de la présence d'une émotion qui a été utilisé est un seul rapport verbal produit à posteriori peu de temps après le visionnement des films.

De même, Friesen (1972) a utilisé une procédure semblable avec des sujets américains et japonais dans le cas d'un film illustrant des accidents industriels. Les sujets visionnaient le film seuls ou en présence du chercheur. Une fois le film terminé, les sujets ont rapporté avoir ressenti de la peur et du dégoût à plusieurs reprises durant la projection. Ces mêmes sujets ont effectué durant le film des réponses faciales habituellement associées à la peur et au dégoût, quand ils étaient seuls durant le film. Cependant, il n'est pas possible dans ce cas-ci, comme dans celui de la recherche d'Ekman *et al.* (1980) de savoir s'il y a concomitance temporelle entre la production des réponses faciales et l'expérience émotionnelle pertinente. De leur côté, Rosenberg et Ekman (1994), utilisant des films très courts visant à induire notamment le dégoût, ont récemment obtenu une intéressante concordance dans le temps entre les expressions faciales exécutées par les sujets lors du visionnement des films et les moments précis où les mêmes sujets indiquaient avoir ressenti une émotion quand ils revisionnaient ces films. Ces résultats sont fort prometteurs. Leur valeur probante augmentera s'ils sont reproduits avec d'autres films à teneur émotionnelle plus variée.

Wagner, MacDonald et Manstead (1986) étudient la reconnaissance d'expressions faciales spontanément émises par des sujets qui regardent des diapositives à teneur émotionnelle pendant que leur visage est filmé à leur insu. En plus d'une condition dite neutre, six émotions sont étudiées, soit la joie, la surprise, la peur, le dégoût, la colère et la tristesse. Les sujets indiquent la nature et l'intensité de leur état émotionnel immédiatement après le visionnement de chaque diapositive. Seuls la joie, la colère et le dégoût produisirent des expressions qui furent reconnues à un taux au-dessus du hasard et, même là, les résultats ne sont guère impressionnants par comparaison aux résultats obtenus avec des simulations faites par des modèles (voir plus loin, à la section 3, l'analyse des recherches utilisant des stimuli issus de simulations). Il est difficile de conclure au sujet de ces données puisque aucune mesure des réponses faciales émises par les sujets encodeurs n'a été faite. En effet, on ne sait pas si les faibles niveaux de reconnaissance proviennent de la pauvreté des messages encodés ou de la difficulté de décodage de messages encodés d'une manière particulière et distincte. Enfin, il faut noter que Wagner (1990) rapporte des résultats du même genre au moyen d'une procédure de même nature, mais où huit catégories émotionnelles sont utilisées.

Il y a cependant une émotion pour laquelle il est maintenant possible de dire que nous avons une idée juste des composantes de son expression faciale : il s'agit de la joie. En effet, dans le cadre de plusieurs travaux portant sur la différence entre l'expression de la joie ressentie et de celle qui est simulée, Ekman et ses collaborateurs ont décrit ce qu'ils appellent le sourire de Duchenne. En effet, dès 1862, Duchenne de Boulogne indiqua que le sourire associé à la joie ressentie comportait la contribution de deux muscles : le grand zygomatique qui étire les coins des lèvres obliquement vers le haut et le grand orbiculaire des yeux qui produit des plis cutanés dans la partie latérale des yeux (pattes d'oie) et sous les yeux de même qu'un relèvement des joues. Ces constatations ont été reproduites à plusieurs reprises (Ekman, 1992a ; Frank, Ekman et Friesen, 1993).

Par ailleurs, Reeve (1993) a étudié les composantes expressives faciales de l'intérêt, catégorie émotionnelle au statut plus douteux (voir l'analyse du concept d'émotion fondamentale dans le premier chapitre). Pour ce faire, il a filmé des sujets qui regardaient des vidéos dont la teneur dite « intéressante » variable avait été préalablement déterminée par un groupe de juges. Les résultats indiquent que certaines réponses distinguent les réactions aux vidéos selon qu'ils sont intéressants ou non. Cependant, les réponses les plus caractéristiques ne sont pas toutes des réactions faciales proprement dites (à savoir associées à des contractions de muscles faciaux) : il s'agit par exemple du nombre et de la durée des regards et l'immobilité et les mouvements de la tête. La grandeur de l'ouverture des yeux et l'ouverture des lèvres apparurent aussi comme réponses distinctives, mais de façon non constante, ce qui limite la valeur de signal potentielle de ces réponses faciales.

Une analyse de toutes ces recherches fait ressortir un point important. Comme elles fournissent usuellement des données de sujets encodeurs qui sont seuls dans une salle et visionnent du matériel potentiellement générateur d'émotions spécifiques, elles ne comportent pas de contexte vraiment social où l'encodeur pourrait véritablement communiquer à des observateurs, dont il aurait conscience de la présence, les émotions ressenties. C'est le cas aussi pour la technique de visionnement de diapositives (*slide-viewing technique*) de Buck (1985). Cette dernière procédure consiste à enregistrer à leur insu les réactions faciales de sujets qui visionnent des diapositives illustrant différentes catégories de scènes qui sont plaisantes, traumatisantes, bizarres ou familières. Par la suite, ces réponses faciales sont montrées à d'autres sujets qui doivent déduire, pour chaque extrait de matériel facial présenté, quelle catégorie de scènes le sujet émetteur observe. Une telle procédure fournit des résultats intéressants sur les différences individuelles dans la capacité d'encoder des messages non verbaux. Mais, la nature précise des réponses faciales n'a pas été analysée et la pertinence émotionnelle des catégories de scènes n'est pas toujours évidente.

Cependant, toute pertinente qu'elle soit, une situation plus «sociale» comporte une problématique particulière : les réponses faciales sont contrôlables par l'émetteur. Ainsi, dans des situations d'interaction sociale, des individus peuvent utiliser différentes stratégies apprises pour moduler leurs expressions faciales émotionnelles (Ekman, 1973 et 1977). Ces règles d'expression s'organisent surtout autour de quatre modalités : l'augmentation, la diminution, la neutralisation et le masquage. L'illustration la plus classique du jeu des règles sociales d'expression se retrouve chez Friesen (1972) dont on vient de faire mention. En effet, quand les sujets américains et japonais visionnaient le film en présence de l'expérimentateur, figure d'autorité, les réactions faciales n'étaient plus aussi clairement associables aux émotions visées par le film. Il y avait des indications évidentes de tentatives de contrôler les expressions, réactions plus fréquemment relevées chez les Japonais. En effet, dans cette condition plus «sociale», les chercheurs observèrent une haute fréquence de sourire laissant penser que les sujets utilisaient cette réaction en vue de masquer leurs expressions de peur ou de dégoût.

Malatesta et Izard (1984) illustrent bien, eux aussi, cette difficulté. Ils ont demandé à trois groupes de femmes (âgées de 33, 55 et 69 ans) de raconter des incidents de leur vie passée qui ont provoqué chez elles des émotions de joie, de colère, de peur, de tristesse et d'affection. Cette manipulation a provoqué les états émotionnels visés (rapport verbal à posteriori). La narration se faisait devant une caméra par l'intermédiaire de laquelle les sujets croyaient être en contact avec un auditoire. L'analyse des réponses faciales produites dans ces circonstances a révélé la présence d'une forte proportion de configurations indiquant des tentatives de modulations : expressions partielles, mélangées ou masquées. Il n'est pas étonnant alors de constater que les taux de reconnaissance par des juges de ces expressions partielles aient été relativement faibles. De plus, Wagner, Lewis, Ramsay et Krediet (1992), utilisant la technique mentionnée plus haut où des sujets sont filmés pendant qu'ils regardent des diapositives à teneur émotionnelle, ont démontré que le taux de reconnaissance des expressions ainsi produites étaient fonction du jugement fait par d'autres personnes du caractère acceptable d'exprimer une émotion donnée dans de telles circonstances. Cette observation laisse entendre que, là aussi, des règles d'expression peuvent avoir géré la nature et la qualité des expressions faciales encodées.

En plus des difficultés et nuances que nous venons de souligner, ces derniers temps, de nouvelles avenues sont apparues qui mettent en doute ou nuancent la prise de position classique voulant que les expressions faciales soient prioritairement des indices externes d'états émotionnels spécifiques. Une première remise en question vient du point de vue exposé par Fridlund. S'inscrivant dans une perspective évolutionniste élaborée et nuancée, Fridlund (1991a) propose que les expressions faciales exercent leur fonction de communication en fonction de la présence des autres congénères présents et de façon indépendante d'un état émotionnel qui serait présent chez l'émetteur. Ce point de vue a suscité un intérêt certain et est en train de susciter une controverse sur le plan empirique.

Ainsi, Fridlund (1991b) a étudié les réaction faciales électromyographiques de sujets qui regardaient une bande vidéo plaisante dans quatre conditions comportant une augmentation graduelle du niveau de teneur sociale de ces situations. Il a alors été observé que l'intensité de la réponse de sourire augmentait en fonction de la valeur sociale de la condition et non avec l'intensité de l'état émotionnel rapporté par les sujets. Fridlund, Kenworthy et Jaffey (1992) ont obtenu des résultats de même nature en utilisant une procédure où les sujets imaginaient des situations plutôt que d'y être soumis. De plus, cette recherche incluait des situations de colère, de tristesse et de peur en plus de la joie. Chovil (1991) trouve aussi un effet similaire dans une recherche mesurant les réactions faciales induites chez des sujets qui écoutaient une conversation téléphonique au cours de laquelle on relate un accident de ski où une femme se blesse. L'ensemble de ces données est interprété par Fridlund comme un appui important à sa conception des expressions faciales.

Cependant, ces données et leur interprétation ont été contestées. Ainsi, Ekman (1992b) estime que les données de Fridlund doivent plutôt s'interpréter dans le cadre du jeu complexe des diverses modalités propres aux règles d'expression dont nous avons parlé plus haut. Pour lui, une dichotomie entre une conception purement sociale ou purement émotionnelle des expressions faciales est simpliste. Il faut plutôt adopter une position interactionniste. Buck (1991) fait une critique du même genre, en particulier de l'expérience de Chovil (1991). En outre, Hess, Banse et Kappas (soumis) ont repris la recherche de Fridlund (1991b) en s'assurant que la procédure prévoit une manipulation non seulement de la teneur sociale des situations, mais aussi de l'intensité de l'émotion provoquée par la situation inductrice. Ils ont aussi varié la relation existant entre les sujets et l'auditoire (amis ou étrangers). Dans de telles conditions, les résultats obtenus démontrent que l'intensité des réponses expressives faciales ne dépend pas d'un seul des facteurs en cause, mais bien d'une interaction complexe des trois facteurs manipulés dans la recherche. De plus, Buck, Losow, Murphy et Costanzo (1992) ont aussi montré que l'expression et la communication des émotions peuvent être soit augmentées ou diminuées selon la nature des stimuli inducteurs ou le type de relation avec les personnes présentes comme auditoire. Chovil et Fridlund (1991) ont raison de dire que la problématique soulevée par leur approche comporte plusieurs questions sans réponse et qu'elle risque de se complexifier. Cependant, il apparaît prématuré de privilégier l'approche de Fridlund aux dépens du point de vue plus traditionnel.

Une autre perspective qui nuance la nature et la fonction des expressions faciales a été récemment élaborée par Scherer (1992a). Cette approche découle directement de sa théorie de l'émotion et plus particulièrement de son analyse des composantes de l'évaluation cognitive qui a été exposée précédemment (voir aussi Scherer, 1986, pour une analyse du même genre des expressions vocales). Scherer propose essentiellement que le déroulement de l'apparition d'une expression faciale peut aussi refléter les activités cognitives en cours chez l'émetteur, notamment la séquence des composantes propres à l'évaluation cognitive. C'est dire que l'expression faciale d'une émotion telle la colère apparaîtrait chez un individu de façon séquentielle à la suite de l'addition des composantes expressives propres à chaque élément du déroulement de l'évaluation cognitive (voir la figure 6). Cette conception considère donc l'expression faciale comme étant un reflet à la fois de l'émotion et de la cognition. Une telle façon de voir diverge des approches plus classiques qui interprètent l'expression faciale comme un patron musculaire qui se produit globalement comme un tout en concomitance avec la présence d'une entité discrète appelée souvent «émotion fondamentale». C'est le cas notamment de la théorie d'Ekman qui postule l'existence de programmes affectifs.

Par ailleurs, cette proposition de Scherer s'accorde bien avec l'analyse faite par Ortony et Turner (1990) qui, dans le cadre de leur critique du concept d'émotion fondamentale, estiment qu'il serait plus profitable d'analyser les expressions émotionnelles en termes d'éléments et de sous-éléments séparés plutôt que de référer à des entités globales appelées «émotions fondamentales». De plus, Smith (1989) et Pope et Smith (1994), au moyen d'études utilisant l'électromyographie faciale et l'imagination de scénarios émotionnels, ont montré que les unités des réponses faciales variaient systématiquement avec des manipulations d'éléments des scénarios qui faisaient directement appel à des dimensions spécifiques de l'évaluation cognitive. Par exemple, une manipulation faisant appel à l'intervention d'un obstacle ou l'anticipation d'un effort, s'accompagnait d'une activité accrue de la région des sourcils (muscle corrugateur). En plus de ces données, Scherer (1992a) estiment que les possibilités offertes par des techniques de mesure des mouvements faciaux telles le FACS (Ekman et Friesen, 1978) pourraient faciliter la micro-analyse de la dynamique des expressions qu'exige sa proposition. Il serait intéressant qu'un effort systématique de vérification empirique de cette approche originale soit faite.

1.2.2. Les études de reconnaissance

Les recherches portant sur le décodage des expressions faciales, appelées aussi «études de jugement», considèrent donc les mimiques faciales comme stimuli. Ce genre de recherches doit faire face à un problème majeur qui est celui de la confection des stimuli qui seront jugés. Compte tenu des problèmes déjà discutés au sujet des

FIGURE 6
**Évolution des changements du visage s'ajoutant
selon la séquence des composantes
de l'évaluation cognitive**
(D'après Scherer, 1992a)

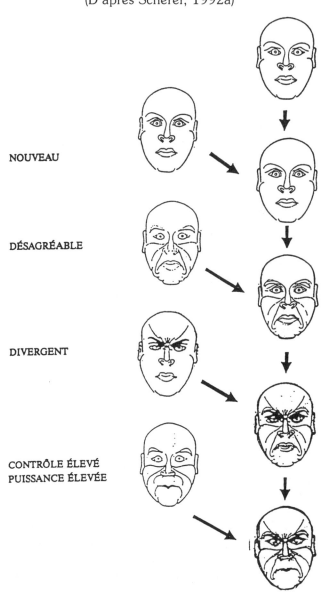

NOUVEAU

DÉSAGRÉABLE

DIVERGENT

CONTRÔLE ÉLEVÉ
PUISSANCE ÉLEVÉE

situations inductrices d'émotions (voir chapitre 1) et de ceux des études d'encodage, il n'est guère possible, à l'heure actuelle, d'utiliser des stimuli faciaux émis alors que le sujet ressent une émotion. En conséquence, les chercheurs utilisent des simulations produites par des modèles. Ainsi, certains auteurs (Frois-Wittman, 1930) ont demandé globalement à des modèles de simuler les mouvements faciaux qui leur semblent correspondre à diverses émotions spécifiques. Cette technique comporte un inconvénient majeur, soit l'incertitude quant à la représentativité d'une expression simulée par rapport à une expression spontanée. D'autres chercheurs (Ekman, 1976) ont plutôt élaboré leurs stimuli en utilisant des critères fondés sur l'observation d'expressions spontanées et en donnant aux modèles des instructions basées sur les mouvements précis observés. Cette autre technique apparaît plus adéquate, car elle a permis la construction de stimuli dont la reconnaissance est beaucoup plus stable et fidèle.

Des récents progrès au sujet de la codification des mouvements faciaux (Ekman, 1982) permettent maintenant d'envisager des critères encore plus raffinés pour la construction de stimuli faciaux. En outre, ces nouveaux instruments permettent de construire des variantes qualitatives et quantitatives nombreuses de prototypes émotionnels (Gosselin et Kirouac, sous presse ; Wiggers, 1982). Matsumoto et Ekman (1988) ont élaboré un ensemble de stimuli faciaux au moyen du FACS. La valeur de ce matériel reste encore à démontrer. Cependant, il faut admettre qu'il serait éminemment souhaitable de pouvoir analyser directement la reconnaissance de configurations faciales résultant de réponses émotionnelles spontanées. Pour le moment, il faut en rester à l'hypothèse d'Ekman (1982), pour qui les simulations par des modèles sont des configurations comparables (quoique possiblement exagérées) aux réponses émotionnelles faciales spontanées de sujets qui ne tentent pas de moduler leur apparence faciale.

L'ensemble des résultats obtenus au cours des dernières années permet de faire certaines généralisations au sujet de l'acuité de la reconnaissance des expressions faciales émotionnelles (Ekman, 1982 et 1992a). Ces conclusions se basent sur plusieurs études de jugement effectuées au moyen de diapositives illustrant des simulations par des modèles. Ainsi, les mimiques faciales peuvent fournir une information juste au sujet des distinctions entre plusieurs émotions négatives et positives. Les données actuelles portent particulièrement sur les émotions suivantes : la joie, la surprise, la peur, le dégoût, la colère et la tristesse (Kirouac et Doré, 1982). Par contre, Ekman et Friesen (1986) sont d'avis que le mépris est une autre émotion qui comporte un fort taux de reconnaissance et Izard (1977) estime qu'il faut ajouter la honte et l'intérêt.

Le statut précis du mépris comme catégorie émotionnelle est l'objet de controverses au sein des études de décodage. Izard et Haynes (1988) contestent la valeur des stimuli utilisés par Ekman et Friesen (1986) tandis que, dans leur réponse, Ekman et Friesen (1988) prétendent que le différend est plutôt associé à la mesure de la réponse de reconnaissance qui serait ambiguë chez Izard et ses collaborateurs : au lieu de faire appel à un seul terme (mépris), ces derniers utilisent une courte série de mots qui sont apparemment synonymes et peuvent illustrer des variations quantitatives de l'émotion visée. De plus, Ekman et Heider (1988) rapportent d'autres données qui reconfirment les observations préalablement présentées, et il en est de même pour Matsumoto (1992a). Ces querelles de chercheurs font beaucoup référence à des divergences méthodologiques qui débordent la seule question du statut du mépris. Nous aborderons à nouveau ces questions dans le cadre du problème de l'universalité de la reconnaissance des expressions faciales dont nous traiterons maintenant.

L'universalité de la reconnaissance

Il est en effet intéressant de savoir que l'acuité de reconnaissance des expressions faciales semble universelle ou panculturelle ; de nombreuses recherches illustrent cette affirmation (Ekman, 1992a ; Izard, 1991). Les groupes culturels étudiés sont très variés et proviennent des cinq continents (Ekman *et al.*, 1987). La nature des mécanismes assurant cette universalité apparente reste toutefois à préciser. Mais il ne semble pas que l'origine doive se trouver dans un apprentissage par observation des expressions des membres d'une culture par ceux d'autres cultures. En effet, Ekman (1972) a observé d'aussi forts taux de reconnaissance en Nouvelle-Guinée chez des sujets tout à fait isolés, c'est-à-dire sans contacts avec d'autres populations de qui ils auraient pu apprendre par observation à reconnaître les expressions faciales qui leur étaient présentées. De plus, quand des membres de cette population isolée eurent à simuler des réponses faciales illustrant des émotions, les stimuli ainsi produits furent très bien reconnus par des Américains qui n'avaient jamais eu de contact non plus avec la population étudiée. Les mécanismes de reconnaissance et de production d'expressions faciales émotionnelles semblent donc se généraliser à toutes les populations humaines indépendamment de toutes possibilités de transfert par observation ou imitation entre représentants de ces divers groupements humains. Cependant, des différences culturelles claires apparaissent au niveau de l'intensité accordée aux émotions. Par exemple, Matsumoto et Ekman (1989) observent que les Japonais, en général, donnent des jugements d'intensité plus faibles que les Américains.

Alors que la question de l'universalité de la reconnaissance des expressions faciales émotionnelles apparaissait réglée – il est devenu classique de mentionner cette universalité comme illustrant une caractéristique fondamentale du fonctionnement de l'espèce humaine –, tout récemment, cette question a été ravivée par une critique détaillée et très sévère émise par Russell (1994). Ce dernier analyse la méthodologie des recherches qui auraient démontré l'universalité et prétend que cette opération oblige à nuancer très fortement la thèse de l'universalité. Il remet en question plusieurs aspects des études : l'utilisation d'étudiants universitaires, la méthode de présentation des stimuli faciaux, la nature et le choix de ces derniers et la procédure de collecte des réponses (choix forcé à partir d'une liste imposée restreinte de termes indiquant des catégories émotionnelles). Il insiste aussi sur le manque de validité écologique des études en laboratoire et la carence qu'elles recèlent pour ce qui est de l'information contextuelle. Enfin, il aborde le cas des recherches menées auprès de cultures dites «illettrées» en soulignant que la méthodologie de ces études comporte des difficultés, notamment en ce qui a trait à la communication langagière, qui obligent à nuancer fortement les conclusions qui en sont tirées. L'ensemble des analyses de Russell l'amènent à conclure que les expressions faciales et les étiquettes émotionnelles sont probablement associées, mais de façon variable selon les cultures. Il estime que l'interprétation de ce lien ne peut se faire en recourant à la théorie classique de l'universalité qui est usuellement véhiculée : d'autres possibilités moins contraignantes devraient être envisagées.

Ces critiques de Russell s'inscrivent dans le contexte de travaux de ce dernier qui ont remis en question certains aspects importants des procédures de jugement et suscité des contre-arguments. Ainsi, Russell et Fehr (1987) ont présenté des données laissant entendre que le jugement émotionnel d'expressions faciales dépend de la présentation préalable d'autres expressions. Ainsi, un visage «relativement» neutre apparaîtra triste s'il est précédé d'un visage de joie et, inversement, semblera heureux après la présentation d'un visage triste. Un visage dit «relativement non heureux» semblera triste ou colérique selon qu'il est montré après un visage plus clairement colérique ou triste. Ces données amènent les auteurs à considérer que la perception de l'émotion à partir des visages est plus relative qu'absolue. La question qui se pose vise à connaître le poids relatif du contexte par rapport à l'information inhérente au visage. De plus, l'utilisation de stimuli faciaux ambigus rend plus facile la contribution de la présentation préalable d'autres expressions faciales. C'est ce que soulignent Ekman et O'Sullivan (1987). La question demeure donc encore sujette à interprétation (Russell et Fehr, 1988), compte tenu qu'une extension de la méthodologie dite «contextuelle» à l'expression du mépris (Russell, 1991c) amène des résultats confirmant le point de vue de Russell et Fehr (1987), mais susceptibles de recevoir les mêmes critiques (Ekman, O'Sullivan et Matsumoto, 1991). Russell (1991d) a bien raison de dire que la résolution de cette controverse serait grandement facilitée par l'utilisation de stimuli issus de réponses spontanées produites dans un contexte plus naturel. Cette procédure pourrait fournir une meilleure base pour juger la validité des stimuli servant aux expériences.

Une autre dimension abordée par Russell qui a des répercussions sur sa critique de la thèse universaliste est l'utilisation d'une méthode dite «de choix forcé» dans les études de jugement : il s'agit de demander aux sujets de choisir l'émotion à partir d'une liste préétablie par le chercheur. Si la procédure prévoit la disponibilité de choix de réponses qui se démarquent de la procédure classique (présence de plusieurs choix de termes se rapportant à diverses catégories émotionnelles), il appert que des résultats différents émergent si on les compare à ceux obtenus par la méthode classique. C'est le cas, encore une fois, pour le mépris (Russell, 1991e). De plus, Russell (1993) étend ses observations à plusieurs autres catégories émotionnelles : colère, dégoût, tristesse et surprise. Enfin, Russell, Suzuki et Ishida (1993) étudient la reconnaissance d'expressions faciales dans trois milieux culturels (Canada, Japon et Grèce). Les sujets doivent alors identifier l'émotion en utilisant tout terme émotionnel qu'ils estiment approprié. Cette procédure dénuée de contrainte dans les choix offerts aux sujets engendrent des taux de reconnaissance beaucoup plus faibles et variables selon les cultures, ce qui amène les auteurs à conclure que la thèse universaliste a une valeur probante beaucoup moindre lorsque les contraintes de la méthode classique à choix forcé sont mises de côté.

Ekman (1994) a vigoureusement réagi aux critiques de Russell (1994). Ses commentaires peuvent aussi s'appliquer aux autres recherches de Russell et ses collaborateurs qui viennent d'être décrites. Un point plus général a trait à la façon dont l'universalité est conçue par les tenants de la position universaliste. Ekman souligne que sa théorie neuroculturelle fait une place importante aux dimensions culturelles : sa position n'est pas l'universalisme extrême (voir aussi Izard, 1994, pour une nuance du même ordre). Une autre question plus axée sur les données empiriques se situe sur le plan de la méthodologie des études de jugement. Ce point se rapporte aussi à la relation entre les expressions émotionnelles et le vocabulaire émotionnel. En effet, Ekman fait remarquer qu'il serait absurde de prétendre qu'un seul mot pourrait rendre compte de la valeur de signal d'une expression faciale. Les mots utilisés pour décrire les composantes du processus émotionnel sont vraisemblablement très soumis aux influences culturelles, d'autant plus que les émotions sont des phénomènes difficiles à décrire en mots, notamment par un seul mot. Il faut donc prévoir de la variance. Mais cette dernière ne devrait pas amener le rejet d'une importante composante universelle dans le décodage des expressions faciales. C'est ce qu'Ekman illustre en faisant une analyse détaillée des résultats des recherches interculturelles où il utilise des critères sévères d'évaluation de la force de la justesse de la reconnaissance.

S'attardant à la procédure utilisant le vocabulaire spontané des sujets lors de l'identification, Ekman estime que les sujets humains peuvent utiliser des termes qui ne réfèrent pas uniquement à l'expérience subjective de l'émotion, mais aussi à des composantes tels les antécédents de l'émotion, ce qui peut être une source importante de variance dans les résultats. En effet, les sujets ne sont pas des théoriciens de l'émotion et, pour eux, la décomposition du processus émotionnel en composantes distinctes n'a pas nécessairement de sens. En analysant les réponses spontanées des sujets avec une grille de termes élaborée en tenant compte des remarques précédentes, Ekman (1994) rapporte des résultats beaucoup plus probants que ceux de Russell et de ses collaborateurs.

Ce retour à l'opposition relativisme/universalisme pourrait être vu comme une dangereuse régression dans les progrès des connaissances dans le domaine des expressions faciales émotionnelles. Cela ne sera pas nécessairement le cas si le débat amène plutôt les protagonistes à mieux nuancer leur position et à mieux consolider leurs données empiriques. Il est souhaitable que l'on évite ainsi d'encourager dans ce domaine de recherche une tendance néfaste à adopter la fausse et stérile dichotomie entre inné et acquis. Ce danger est réel si l'on prend connaissance des analyses d'Izard (1994) qui insiste sur le caractère inné des expressions faciales dites « universelles ». Dans ce contexte, les données de Matsumoto (1992b) qui révèlent de subtiles différences culturelles dans la reconnaissance des émotions à partir d'expressions faciales chez des Américains et des Japonais sont très pertinentes, d'autant plus qu'elles n'enlèvent rien à la dimension universelle du phénomène.

Les paramètres de l'identification

Parmi les facteurs qui interviennent dans l'identification des expressions faciales, il y a la nature de l'émotion illustrée. En effet, l'acuité de la reconnaissance varie d'une émotion à l'autre (Kirouac et Doré, 1982, 1983 et 1984). Par exemple, habituellement, la joie a les plus forts taux de jugements corrects tandis que la peur donne les résultats les plus faibles (Matsumoto, 1992b). À l'heure actuelle, il n'existe pas de proposition théorique précise expliquant cette disparité entre les catégories d'émotions (Ekman, 1982, 1992a). Un autre aspect qui fait l'objet d'intérêt est le sexe des décodeurs. Pour ce qui est du décodage du comportement non verbal en général (Hall, 1984), on s'attend généralement à observer une supériorité des sujets féminins sur les sujets masculins. Cependant, dans le cas de l'identification des expressions faciales émotionnelles, même si un certain nombre de données ont laissé croire à une supériorité des femmes dans l'accomplissement de cette tâche, d'autres travaux ont clairement démontré, en mesurant la proportion de variance expliquée par le facteur sexe, que ce dernier n'en était pas une source très importante. De même, le nombre d'années d'études ne joue aucun rôle dans l'acuité du jugement d'expressions faciales émotionnelles (Kirouac et Doré, 1985). Dans cette dernière recherche, des sujets du même âge, mais de scolarité différente (secondaire, collégial et universitaire), fournissent des taux de reconnaissance identiques. Les sujets universitaires sont probablement plus représentatifs que ne le prétend Russell (1994).

Finalement, il est important de signaler que les erreurs des sujets dans des tâches de jugement ne se distribuent pas aléatoirement, mais plutôt selon des patrons précis. Ainsi, Tomkins et McCarter (1964), dans une recherche utilisant neuf catégories émotionnelles, observent que les erreurs des sujets permettent de faire ressortir certains patrons de confusion. De même, Ekman (1972), dans le cadre de ses études interculturelles constate aussi la présence de patrons de confusion. Les plus fréquemment rencontrés sont les suivants : la peur est prise pour de la surprise et inversement, de même que le dégoût pour la colère. Plus récemment, Kirouac et Doré (1982, 1983 et 1984) ont obtenu les mêmes résultats.

Kirouac, Doré et Gosselin (1983) ont voulu aborder plus directement le phénomène des confusions en soumettant des sujets à une tâche de reconnaissance de paires d'expressions faciales. Un premier groupe de sujets avait à juger la similarité des expressions faciales apparaissant sur les diapositives tandis qu'un second groupe devait identifier les deux expressions présentes. Dans les deux cas, l'analyse des réponses des sujets révèle les mêmes patrons de confusion qui ont été mentionnés précédemment. Cependant, il est important de souligner que ces patrons de confusion ne doivent pas être interprétés comme indiquant que les émotions impliquées ont des taux de reconnaissance automatiquement plus bas. Il s'agit essentiellement de la façon dont se distribuent les erreurs des sujets, quelles que soient leurs fréquences.

Les mécanismes sous-tendant la confusion restent à cerner. Une première possibilité vient de ce que certaines des émotions confondues ont des composantes expressives en commun (Tomkins et McCarter, 1964). Ainsi, dans le cas de la peur et de la surprise, leurs configurations respectives comportent un haussement des sourcils et une plus grande ouverture des paupières. Cette communauté d'éléments favoriserait la confusion. Une autre possibilité réside dans le fait que certaines des émotions souvent confondues sont régulièrement ressenties de façon contingente de sorte que leurs expressions faciales se succéderaient très rapidement et rendraient plus difficile l'acquisition de la discrimination de ces expressions. La recherche sur cette question est à toutes fins utiles inexistante. Cependant, Russell et Bullock (1986) fournissent une hypothèse intéressante qui, tout en étant pertinente aux confusions, se veut un cadre interprétatif global de la reconnaissance des expressions faciales émotionnelles. Pour eux, les expressions faciales prototypiques, comme le vocabulaire de l'émotion (voir le chapitre 1), doivent se concevoir non comme des catégories exclusives et bien séparées, mais plutôt comme des ensembles flous (*fuzzy sets*). Les catégories voisines, étant donné leur caractère flou, tendraient normalement à se confondre et à créer de la confusion. Ces auteurs proposent une série de recherches qui appuient élégamment leur conception. Soulignons, enfin, que cette question n'a fait l'objet d'aucune étude depuis.

Les mécanismes de la reconnaissance

Un examen des études de reconnaissance révèle fort peu d'avancement au sujet de l'identité précise des mécanismes soustendant l'identification des émotions à partir des indices faciaux. Il est important d'en venir à comprendre les processus cognitifs qui interviennent lors de la reconnaissance et leur relation avec ceux qui jouent dans le traitement de l'information en général. Il faut aussi en venir à mieux connaître les éléments constitutifs des configurations faciales émotionnelles qui sont nécessaires et suffisantes pour une identification juste des mimiques faciales, car certaines zones apparaissent plus critiques pour la reconnaissance de certaines émotions (Kirouac, Bernier et Doré, 1986).

Dans cette recherche, la reconnaissance de six émotions (la joie, la surprise, la peur, le dégoût, la colère et la tristesse) a été comparée selon la portion de visage disponible : visage complet, trois quarts, moitié ou quart. Les sujets prirent part à cinq sessions pendant lesquelles ils devaient choisir le terme émotionnel qui correspondait à la configuration faciale apparaissant sur des diapositives manipulées selon les modalités qui viennent d'être décrites. À chaque essai, le sujet devait presser sur une première clé qui commandait l'apparition d'une diapositive. Une fois son jugement arrêté, le sujet appuyait sur une seconde clé qui correspondait au terme de l'émotion identifiée. Deux mesures font l'objet d'analyse : la réponse de reconnaissance et sa latence (durée écoulée entre les pressions sur les deux clés mentionnées plus haut). Ces données sont analysées en utilisant uniquement les résultats des sessions 1 et 5 en vue de comparer des visages familiers (session 5) et non familiers (session 1). La comparaison entre le visage complet et les configurations où seulement une partie du visage est visible montre que, pour les deux mesures utilisées, certaines régions faciales sont plus critiques. Et ces effets sont plus prononcés pour de nouveaux visages que pour des visages familiers. Ainsi, pour la tristesse, la région des sourcils et du front apparaît plus importante et il en est de même pour la peur. Quant au dégoût, la région buccale est plus critique. En outre, les résultats indiquent clairement que la performance de reconnaissance peut être très élevée même dans le cas de stimuli qui ne se rapportent qu'au quart du visage. De telles observations font encore ressortir la grande aptitude des sujets humains à reconnaître des émotions uniquement d'après des indices faciaux.

D'autres résultats laissent entendre que l'identification de l'émotion exprimée par le visage procéderait plutôt par détection de configurations que par l'analyse de composantes. En effet, le traitement des informations émotionnelles fournies par le visage se fait à des vitesses très rapides. Dans leur recherche, Kirouac et Doré (1984) demandent à des sujets d'identifier l'émotion sur des diapositives qui sont présentées pour des durées très brèves variant de 10 à 50 millisecondes. La reconnaissance est très élevée à des temps d'exposition variant de 30 à 50 millisecondes, temps laissant peu de place aux saccades visuelles. Ces résultats sont d'autant plus importants que les réponses faciales émotionnelles durent fréquemment quelques centaines de millisecondes (Ekman et Friesen, 1975 ; Rinn, 1984). De plus, des études du temps de réaction (Bernier et Genest, 1984) montrent une très grande rapidité pour l'identification qui s'accorde avec l'hypothèse configurationnelle. Il faudrait poursuivre ces analyses ; une avenue intéressante pourrait être d'appliquer à l'identification des expressions faciales émotionnelles les modèles et procédures qui visent à découvrir si le traitement d'une information donnée est de nature sérielle ou parallèle ou encore ceux qui traitent de la catégorisation (Fortin et Rousseau, 1989).

Cependant, l'analyse des mécanismes cognitifs qui participent au décodage des expressions faciales émotionnelles doit tenir compte de deux grandes approches qui conçoivent différemment la représentation mentale de ces expressions : les points de vue catégoriel et dimensionnel (voir plus haut). Jusqu'ici, les questions abordées ont surtout découlé de l'approche catégorielle. Pourtant, depuis plusieurs années, une perspective dimensionnelle a, elle aussi, existé au niveau de l'analyse des expressions faciales (Ekman, 1982 ; Frijda, 1986). Ce courant ne fonctionne donc pas en postulant que les expressions faciales sont traitées comme signalant des catégories émotionnelles discrètes, souvent appelées fondamentales. Leur représentation mentale se ferait plutôt en fonction de dimensions élémentaires généralement bipolaires : les diverses expressions se situeraient en un point quelconque sur le continuum quantitatif propre à chaque dimension (Ekman, 1982).

Comme c'est le cas pour l'émotion en général (voir chapitre 1), une question qui se pose est l'identité et le nombre de dimensions nécessaires pour bien rendre compte de la représentation mentale des expressions faciales. Classiquement, les solutions trouvées proposent deux ou trois dimensions, à savoir plaisant/déplaisant (la plus commune), niveau d'activation et attention/rejet (Lemay, Kirouac et Lacouture, sous presse). Pour déterminer les dimensions de l'espace mental et la position relative qu'occupent les expressions faciales, une méthodologie particulièrement utile consiste à faire poser des jugements de similitude aux sujets : on leur demande d'évaluer cette dernière en présentant des couples d'expressions résultant de toutes les paires possibles de stimuli faciaux. Par la suite, la technique de l'étalonnage multidimensionnel permet de représenter, à l'aide d'une configuration spatiale, la position des expressions faciales étudiées.

Il faut dire que les études dimensionnelles sont plutôt rares par rapport à celles de nature catégorielle (Ekman, 1982 ; Lemay, Kirouac et Lacouture, sous presse). Certains auteurs prétendent même que les deux approches pourraient se compléter plutôt que s'opposer (Ekman et O'Sullivan, 1988). Il reste à déterminer de quelle façon les deux perspectives peuvent s'articuler. Le débat a, par ailleurs, été relancé récemment par Etcoff et Magee (1992). Cette recherche veut démontrer que les expressions faciales sont d'abord perçues de manière catégorielle. Pour ce faire, en utilisant des expressions typiques de joie, de surprise, de peur, de dégoût, de colère et de tristesse de même que des visages neutres, les auteurs ont généré par ordinateur plusieurs séquences de onze visages variant quantitativement l'un par rapport à l'autre selon un intervalle constant. De cette façon, les stimuli passaient d'une catégorie émotionnelle à une autre ou à un visage neutre. Utilisant une tâche de discrimination de paires de visages, ils ont observé que les sujets discriminaient mieux des paires de visages de catégories émotionnelles différentes que des paires de la même catégorie alors que, dans tous les cas, la différence quantitative entre les stimuli faciaux des paires était la même. D'où la conclusion que les expressions faciales sont perçues de façon catégorielle, et non pas en relation avec des propriétés physiques variant sur un continuum.

Par ailleurs, Lemay, Kirouac et Lacouture (sous presse) rapportent une étude comparant, avec les mêmes stimuli, des procédures catégorielle et dimensionnelle. La procédure comporte en plus une comparaison d'expressions faciales dynamiques et statiques spontanément émises par des sujets ressentant des émotions. Un aspect important pour la présente analyse est l'observation que la reconnaissance des stimuli dynamiques et statiques diffère dans le cas de l'analyse catégorielle. Par contre, il n'y a pas de différence au niveau de l'étude dimensionnelle. Ces observations indiquent que les deux types de tâches fournissent des indications différentes sur la représentation et le traitement des expressions faciales émotionnelles. Il serait donc pertinent de poursuivre la recherche en faisant appel aux deux types de procédures, notamment en vue de mieux cerner les mécanismes cognitifs qui prennent part à l'identification des expressions faciales.

1.2.3. Conclusion

L'allure générale des principales données de recherche sur l'expression faciale des émotions est assez paradoxale. D'une part, malgré sa potentielle universalité, la reconnaissance des expressions faciales n'apparaît clairement que dans le cas de l'utilisation de photographies représentant des simulations par des modèles. D'autre part, malgré la grande incomplétude des résultats jusqu'ici, il ressort que les expressions faciales les plus complètes et précises se produisent surtout dans les situations où le sujet est seul et filmé à son insu. C'est dire que, pour le moment, la fonction de communication sociale des expressions faciales émotionnelles n'a pas encore fait souvent l'objet de démonstration directe.

Malgré les progrès récents réalisés par les études d'encodage et de décodage, une étude complète de la communication sociale des émotions, par les expressions faciales, demande l'élaboration de situations inductrices idoines qui s'accompagnent de l'utilisation d'indices multiples de la présence de l'émotion visée par la situation. De plus, il faut envisager une mise en contexte qui favorise une expressivité faciale qui soit la moins modulée possible. En outre, il importe que le protocole de recherche comporte la collecte de données pertinentes à la fois à la valeur expressive et aux propriétés communicatives des expressions faciales.

En ayant recours à des acteurs, Gosselin, Kirouac et Doré (sous presse) ont mis en évidence un ensemble d'expressions faciales dynamiques dont la validité est suffisamment établie ; par la suite, d'autres données ont dégagé la valeur expressive et communicatrice de ces expressions faciales (Gosselin, Kirouac et Doré, sous presse). Ces dernières ont fait l'objet d'une première analyse quant à leur valeur expressive et communicative. Pour ce qui est de l'aspect expressif, la codification des réponses faciales produites par les acteurs indique que les configurations se regroupent en facteurs permettant de différencier les catégories émotionnelles. Donc, ces configurations véhiculent une information qui distinguent les émotions en tant que catégories. Quant à l'aspect communicatif, le but visé était d'établir si, à partir du seul visage, les sujets seraient en mesure d'identifier la catégorie émotionnelle présentée. Or, leur performance s'est révélée très satisfaisante. Compte tenu des précautions méthodologiques qui les caractérisent, ces études combinant l'encodage et le décodage font bien ressortir la valeur communicative et expressive des réponses faciales. La consolidation de ces données par d'autres exploitant des méthodologies diversifiées permettra d'asseoir de façon plus définitive la valeur des expressions faciales comme indice de l'émotion.

2. L'expression vocale des émotions

L'analyse du rôle du véhicule vocal comme moyen de communication émotionnelle remonte à Darwin, comme nous l'avons déjà mentionné. Malgré la prédominance de l'analyse des expressions faciales, la question de la communication vocale a, elle aussi, connu des progrès intéressants (Scherer, 1986). En fait, ce domaine s'organise autour des mêmes catégories de recherches que celui des expressions faciales, soit les catégories associées à l'encodage et celles associées au décodage de l'émotion. Il se confronte aussi aux mêmes problèmes, à savoir les difficultés propres à l'induction émotionnelle et celles qui se rapportent à la mesure des paramètres vocaux (Scherer, 1989b). De plus, le retard relatif des progrès en communication émotionnelle vocale tient en bonne partie aux difficultés inhérentes à l'enregistrement des comportements vocaux dans des contextes plus naturels. En effet, les progrès en vidéoscopie n'ont pas été accompagnés de véritables avancements parallèles dans le cas des paramètres acoustiques. De plus, la manipulation systématique des composantes vocales pour confectionner et manipuler des stimuli vocaux analogues aux poses pour l'expression faciale s'est avérée difficile (Kappas, Hess et Scherer, 1991). L'exposé des connaissances actuelles dans le domaine sera donc plus bref, compte tenu aussi que la section sur les expressions faciales a déjà abordé les problèmes communs aux deux domaines.

2.1. La rétroaction vocale

Comme dans le cas de l'expression faciale, il existe des recherches, moins nombreuses cependant, montrant que le comportement vocal contribue au déroulement même de l'émotion (Hatfield, Cacioppo et Rapson, 1994). Les données recueillies indiquent un effet modulateur comparable à celui de la rétroaction faciale. Si les données récentes qui viennent d'être rapportées par Hatfield et ses collaborateurs sont systématiquement reproduites, nous aurons ajouté du poids à l'hypothèse de l'intervention de l'ensemble du comportement expressif émotionnel dans la mécanique de l'émotion. En conséquence, l'idée selon laquelle, dans le cas du système de communication vocale, on ne puisse non plus parler d'observateur neutre (Kappas, Hess et Scherer, 1991) devient très pertinente.

2.2. L'encodage des expression vocales émotionnelles

Il est connu depuis longtemps que les états émotionnels affectent directement le système vocal. La question est de savoir de quelle façon cela se traduit au niveau d'émotions spécifiques. Scherer (1989c) rapporte les connaissances établies pour quelques états émotionnels (voir les exemples du tableau 6). Ainsi, les paramètres acoustiques utilisés sont principalement la force, la hauteur et le timbre de la voix. On peut constater que, pour plusieurs catégories émotionnelles, les données sont très parcellaires, voire quasi inexistantes. Il semble que les données qui engendrent le plus fort consensus se rapportent à la tristesse et à la peur. Par ailleurs, il faut noter que, antérieurement à sa proposition au sujet des expressions faciales, Scherer (1986) a proposé que la production des réponses vocales lors de l'émotion se calque sur le déroulement de la séquence des composantes responsables de l'évaluation cognitive assurant le déclenchement de l'émotion. Il reste à mieux appuyer empiriquement cette intéressante proposition.

TABLEAU 6

Indicateurs vocaux des états émotionnels
(D'après Scherer, 1989)

Émotion	Niveau	Hauteur		Force	Tempo
		Étendue	Variabilité		
Joie	Élevé	?	Forte	Élevée	Rapide
Confiance	Élevé	?	?	Élevée	Rapide
Colère	Élevé	Grande	Forte	Élevée	Rapide
Peur	Élevé	Grande	Forte	?	Rapide
Mépris	Bas	Grande	?	Élevée	Lent
Ennui	Bas	Petite	?	Faible	Lent
Tristesse	Bas	Petite	Petite	Faible	Lent

2.3. Le décodage des expressions vocales émotionnelles

Il appert que la voix peut être un signal générateur d'informations diverses dont certaines reliées à l'émotion (Kappas, Hess et Scherer, 1991). Les stimuli utilisés varient beaucoup : il peut s'agir de mots, de syllabes sans signification, d'extraits de textes et même de conversations complètes. Selon Scherer (1989b), l'acuité de la reconnaissance de la catégorie émotionnelle véhiculée par des patrons expressifs de type vocal peut aller jusqu'à 60 %, soit une performance non aléatoire. Il y a donc discrimination d'un nombre relativement élevé d'émotions spécifiques rattachées à huit catégories (c'est-à-dire les catégories usuelles en expressions faciales). Cependant, comme cela est souvent le cas pour les expressions faciales, les stimuli employés étant des simulations produites par des modèles, il n'est pas possible de savoir quels sont les indices guidant les sujets lors de leurs jugements. De plus, la validité écologique des stimuli est sujette à critiques.

Par ailleurs, les connaissances dans le domaine bénéficieraient beaucoup de données issues de recherches ayant combiné l'encodage et le décodage, au sein d'une même recherche. Scherer, Banse, Wallbott et Goldbeck (1991) ont effectué une expérience qui combine ces deux aspects. Ils ont demandé à des acteurs professionnels de lire des scénarios et d'imaginer qu'ils ressentaient la situation décrite. Il y avait deux scénarios pour chacune des émotions suivantes : joie, colère, tristesse, peur et dégoût. Puis, quatre études de jugement ont analysé la reconnaissance, par le biais des seuls indices vocaux, des états émotionnels visés par les scénarios lus par les acteurs. Sauf pour le dégoût dont la reconnaissance a été faible, les autres émotions ont engendré une exactitude moyenne de reconnaissance de 62 %. Ensuite, une analyse acoustique d'extraits bien décodés pour chaque émotion, sauf le dégoût, a été faite en vue d'évaluer la nature des paramètres acoustiques responsables de la discrimination des émotions. Les données ont été analysées à la lumière de prédictions faites par Scherer (1986) à ce sujet. Les patrons vocaux bien reconnus paraissent se distinguer acoustiquement en fonction de la catégorie émotionnelle visée et plusieurs des prédictions théoriques précédemment énoncées ont été vérifiées. En somme, ces récentes données sont très encourageantes, et il est à espérer que le secteur continuera sur cette lancée tout en profitant des développements récents dans le domaine de l'induction émotionnelle.

CONCLUSION

Un examen général de l'image qui se dégage des divers aspects qui ont fait l'objet d'analyse dans le présent ouvrage peut déboucher sur une réaction pessimiste. En effet, les conclusions qui en ressortent montrent habituellement qu'il n'existe guère de réponses satisfaisantes ou apparaissant définitives aux diverses questions posées. De plus, les divers domaines abordés ne s'intègrent pas encore bien entre eux, sans compter l'absence aberrante d'une définition de l'émotion qui fasse consensus. Il y a donc un besoin de consolider la rigueur conceptuelle et les efforts d'intégration.

Cependant, il faut reconnaître que, depuis environ deux décennies, le renouveau de l'intérêt et la diversification des efforts de recherche en psychologie des émotions peuvent permettre d'entrevoir la poursuite des progrès notables déjà faits. De plus en plus de contacts et d'échanges de chercheurs dans le domaine s'observent. L'apparition du périodique *Cognition and Emotion* a favorisé les confrontations et la diffusion de données empiriques et de perspectives théoriques. On ne songe plus maintenant à bannir le concept d'émotion du domaine de la psychologie scientifique, comme l'a déjà proposé Duffy (1941).

En outre, on voit poindre ici et là des efforts théoriques et empiriques qui englobent beaucoup mieux l'ensemble des composantes pertinentes aux phénomènes émotionnels. Ainsi, Leventhal (1980, 1982 et 1984) a proposé un système théorique, complexe il est vrai, mais qui intègre toutes les composantes étudiées en psychologie des émotions. Par contre, pour le moment, cette élaboration théorique ne s'est pas vraiment concrétisée dans un

programme organisé de recherches empiriques. Un autre exemple
très intéressant est le modèle de Scherer (1984). L'intérêt de ce
dernier réside dans ce qu'il s'accompagne d'un vaste programme
de recherches de nature interculturelle dont les premiers résultats
(Scherer, Wallbott et Summerfield, 1986) font ressortir plusieurs
aspects intéressants concernant les dimensions suivantes : les
antécédents, les réactions physiologiques et non verbales, les
différences individuelles et la régulation sociale. La plupart des
données recueillies proviennent d'un questionnaire (Scherer et
Wallbott, 1994). Comme les efforts se ramifient en plusieurs
méthodologies et aspects des phénomènes émotionnels (Scherer,
1993a, b), il en ressort que l'avancement de nos connaissances
devra dépendre du concours de plusieurs secteurs de la psychologie
et, aussi, d'autres disciplines. Évidemment, le traitement de ces
questions aurait dépassé le cadre limité du présent travail.

Enfin, il serait pertinent d'énoncer brièvement quelques
thèmes qui ressortiront sûrement en tant que secteurs importants
de développement ou qui doivent être clarifiés pour que progresse
le domaine général de recherche. L'approche cognitive est déjà très
dominante et devrait se consolider davantage, menaçant de rendre
obsolètes plusieurs problématiques exposées encore dans le présent
ouvrage. Toute la question de l'interaction émotion/cognition
conservera une place prépondérante dans les préoccupations des
chercheurs. Il faut aussi prévoir une recrudescence d'une contribution des neurosciences à ce propos et pour d'autres questions. Quel
que soit le sort réservé au concept d'émotion fondamentale, un
autre thème important concernera la taxonomie des émotions
en relation avec les mécanismes ou processus sous-tendant chaque
émotion : antécédents, évaluation, réponses physiologiques et
expressives. L'objectif est de cerner plus rigoureusement ces entités
émotionnelles de base en dépassant le langage de tous les jours.
Les données interculturelles sont très pertinentes à ce propos.
D'ailleurs, la généralisation interculturelle de l'ensemble des composantes ou aspects de l'émotion qui font l'objet d'analyses constitue un ingrédient essentiel à la consolidation d'un modèle intégré
de l'émotion. La nature interdisciplinaire qui caractérise de plus en
plus la recherche sur les émotions facilitera cette atteinte graduelle
d'une dimension interculturelle. Cette perspective devrait éventuellement permettre d'expliquer, de façon nuancée, la contribution
des facteurs biologiques et culturels sans sombrer dans le dog-
matisme.

Une autre question se rapporte à la socialisation et aux règles sociales gouvernant l'expérience et l'expression émotionnelles. Cet aspect implique à la fois des analyses développementales et des études chez les adultes. Il s'agit de connaître davantage la nature et la portée des facteurs sociaux qui incitent au contrôle de l'expérience et l'expression émotionnelles. De plus, il faudra comprendre davantage l'ontogenèse de ces mécanismes de contrôle social. Le développement émotionnel étant un domaine de recherche très à la mode actuellement, il est possible d'entrevoir des progrès substantiels en ce qui a trait aux questions qui viennent d'être évoquées.

Enfin, il y a toute la question de la nature propre de l'expérience émotionnelle. La connaissance de la situation spécifique de l'expérience émotionnelle au sein de l'ensemble des activités mentales humaines est essentielle à la genèse d'une conception théorique complète de l'émotion. Cette analyse, nécessairement inférentielle, pourra vraisemblablement progresser en raison de l'intérêt de plus en plus grand que suscite l'émotion pour les chercheurs des sciences cognitives et, possiblement aussi, grâce aux retombées de la controverse engendrée par Zajonc concernant la relation entre émotion et cognition.

RÉFÉRENCES

Arcaya, J. M. (1979). A phenomenology of fear. *Journal of Phenomenological Psychology, 10*, 165-188.

Arnold, M. B. (1960). *Emotion and Personality*. 2 vol. New York: Columbia University Press.

Asendorpf, J. B. (1987). Videotape reconstruction of emotions and cognitions related to shyness. *Journal of Personality and Social Psychology, 53*, 542-549.

Averill, J. R. (1980). On the paucity of positive emotions. *In* K. R. Blankstein, P. Pliner & J. Polivy (Eds.), *Assessment and Modification of Emotional Behavior* (pp. 7-45). New York: Plenum Press.

Ax, A. F. (1953). The physiological differentiation between fear and anger in humans. *Psychosomatic Medecine, 15*, 433-442.

Bell, C. (1844). *The Anatomy and Physiology of Expression*. 3e éd. London: Bohn.

Bellack, A. S. & Hersen, M. (Eds.) (1988). *Behavioral Assessment*. New York: Pergamon Press.

Berkowitz, L. & Troccoli, T. (1986). An examination of the assumptions in the demand characteristics thesis: With special reference to the Velten mood induction procedure. *Motivation and Emotion, 10*, 337-350.

Bermond, B., Nieuwenhuyse, B., Fasotti, L. & Schuerman, J. (1991). Spinal cord lesions, peripheral feedback and intensities of emotional feelings. *Cognition and Emotion, 5*, 201-220.

Bernier, L. & Genest, S. (1984). Analyse du temps de réaction dans une tâche binaire d'identification d'expressions faciales émotionnelles. Manuscrit non publié. Université Laval.

Boucher J. D. & Brandt, M. E. (1981). Judgment of emotion : American and Malay antecedents. *Journal of Cross-Cultural Psychology, 12,* 272-283.

Boyle, G. J. (1986). Higher order factors in the Differential Emotions Scale (DES-III). *Personality and Individual Differences, 7,* 305-310.

Boyle, G. J. & Katz, I. (1991). Multidimensional scaling of the Eight State Questionnaire and the Differential Emotions Scale. *Personality and Individual Differences, 12,* 565-574.

Buck, R. (1980). Nonverbal behavior and the theory of emotion : The facial feedback hypothesis. *Journal of Personality and Social Psychology, 38,* 811-824.

Buck, R. (1985). Prime theory : An integrated view of motivation and emotion. *Psychological Review, 92,* 389-413.

Buck, R. (1991). Social factors in facial display and communication : A reply to Chovil and others. *Journal of Nonverbal Behavior, 15,* 155-161.

Buck, R., Losow, J. I., Murphy, M. M. & Costanzo, P. (1992). Social facilitation and inhibition of emotional expression and communication. *Journal of Personality and Social Psychology, 63,* 962-968.

Bush, L. K., Barr, C. L., McHugo, G. J. & Lanzetta, J. T. (1989). The effects of facial control and facial mimicry on subjective reactions to comedy routines. *Motivation and Emotion, 13,* 31-52.

Cacioppo, J. T., Klein, D. J., Bernston, G. G. & Hatfield, E. (1993). The psychophysiology of emotion. *In* M. Lewis & J. M. Haviland (Eds.), *Handbook of Emotions* (pp. 119-142). New York : Guilford Press.

Cacioppo, J. T., Petty, R. E. & Tassinary, L. G. (1989). Social psychophysiology : A new look. *Advances in Experimental Social Psychology, 22,* 39-91.

Candland, D. K. (1977). The persistent problems of emotion. *In* D. K. Candland, J. P. Fell, E. Keen, A. I. Leshner, R. Plutchik & R. M. Tarpy (Eds.), *Emotion* (pp. 1-84). Monterey, CA : Brooks/Cole.

Cannon, W. B. (1927). The James-Lange theory of emotions : A critical examination and an alternative theory. *American Journal of Psychology, 39,* 106-124.

Cantril, H. & Hunt, W. A. (1932). Emotional effects produced by the injection of adrenalin. *American Journal of Psychology, 44,* 300-307.

Carlson, C. R., Collins, F. L., Stewart, J. F., Porzelius, J., Nitz, J. A. & Lind, C. O. (1989). The assessment of emotional reactivity : A scale development and validation study. *Journal of Psychopathology and Behavioral Assessment, 11,* 313-326.

Chiva, M. (1985). *Le doux et l'amer. Sensation gustative, émotion et communication chez le jeune enfant.* Paris : Presses universitaires de France.

Chovil, N. (1991). Social determinants of facial displays. *Journal of Nonverbal Behavior, 15,* 141-154.

Chovil, N. & Fridlund, A. J. (1991). Why emotionality cannot equal sociality : Reply to Buck. *Journal of Nonverbal Behavior, 15,* 163-167.

Chwalisz, K., Diener, E. & Gallagher, D. (1988). Autonomic arousal feedback and emotional experience : Evidence from the spinal cord injured. *Journal of Personality and Social Psychology, 54,* 820-828.

Collier, G. (1985). *Emotional expression.* Hillsdale, NJ : Lawrence Erlbaum.

Cotton, J. L. (1981). A review of research on Schachter's theory of emotion and the misattribution of arousal. *European Journal of Social Psychology, 11,* 365-397.

Darwin, C. (1872). *The Expression of the Emotions in Man and Animals.* Londres : John Murray.

Davison, G. C., Robins, C. & Johnson, M. K. (1983). Articulated thoughts during simulated situations : A paradigm for studying cognition in emotion and behavior. *Cognitive Therapy and Research, 7,* 17-40.

Dennett, D. (1991). *Consciousness Explained.* Boston : Little Brown & Company.

De Rivera, J. (1984). Emotional experience and qualitative methodology. *American Behavioral Scientist, 27,* 677-688.

Dimberg, U. (1990). Facial electromyography and emotional reactions. *Psychophysiology, 27,* 481-494.

Doré, F. Y. (1978). L'éthologie : une analyse biologique du comportement. *Sociologie et sociétés, 10,* 25-41.

Doré, F. Y. & Kirouac, G. (1985). The identification of eliciting situations of six fundamental emotions. *Journal of Psychology, 119,* 423-440.

Doré, F. Y. & Kirouac, G. (1986). Reliability of accuracy and intensity judgments of eliciting situations of emotions. *Canadian Journal of Behavioural Science, 18,* 92-103.

Doré, F. Y. & Mercier, P. (1992). *Fondements de l'apprentissage et de la cognition.* Boucherville : Gaëtan Morin Éditeur.

Duchenne, G. B. (1862). *Mécanismes de la physionomie humaine.* Paris : Baillière.

Duffy, E. (1941). An explanation of emotional phenomena without the use of the concept emotion. *Journal of General Psychology, 25*, 283-293.

Dutton, D. G. & Aron, A. P. (1974). Some evidence for heightened sexual attraction under conditions of high anxiety. *Journal of Personality and Social Psychology, 30*, 510-517.

Eibl-Eibesfeldt, I. (1975). *Ethology: The Biology of Behavior.* 2ᵉ éd. New York : Holt, Rinehart & Winston.

Ekman, P. (1972). Universal and cultural differences in facial expressions of emotions. *In* J. Cole (Ed.), *Nebraska Symposium on Motivation, 19*, 207-283.

Ekman, P. (1973). *Darwin and Facial Expression: A Century of Research in Review.* New York : Academic Press.

Ekman, P. (1976). *Pictures of Facial Affect.* Palo Alto : Consulting Psychologists Press.

Ekman, P. (1977). Biological and cultural contributions to body and facial movement. *In* J. Blacking (Ed.), *The Anthropology of the Body* (pp. 34-84). London : Academic Press.

Ekman, P. (1979). About brows : Emotional and conversational signals. *In* M. von Cranach, K. Foppa, W. Lepenies & D. Ploog (Eds.), *Human Ethology* (pp. 169-202). Cambridge : Cambridge University Press.

Ekman, P. (1982). *Emotion in the Human Face.* 2ᵉ éd. Cambridge : Cambridge University Press.

Ekman, P. (1985). *Telling Lies: Clues to Deceit in the Marketplace, Marriage, and Politics.* New York : W. W. Norton.

Ekman, P. (1992a). Facial expressions of emotion : An old controversy and new findings. *Philosophical Transactions of the Royal Society of London (series B), 335*, 63-69.

Ekman, P. (1992b). An argument for basic emotions. *Cognition and Emotion, 6*, 169-200.

Ekman, P. (1994). Strong evidence for universals in facial expressions : A reply to Russell's mistaken critique. *Psychological Bulletin, 115*, 268-287.

Ekman, P. & Friesen, W. V. (1975). *Unmasking the Face.* Englewood Cliffs, NJ : Prentice-Hall.

Ekman, P. & Friesen, W. V. (1978). *Facial Action Coding System.* Palo Alto, CA : Consulting Psychologists Press.

Ekman, P. & Friesen, W. V. (1986). A new pan-cultural facial expression of emotion. *Motivation and Emotion, 10*, 159-168.

Ekman, P. & Friesen, W. V. (1988). Who knows about contempt : A reply to Izard and Haynes. *Motivation and Emotion, 12*, 17-22.

Ekman, P., Friesen, W. V. & Ancoli, S. (1980). Facial signs of emotional experience. *Journal of Personality and Social Psychology, 39*, 1125-1134.

Ekman, P., Friesen, W. V., O'Sullivan, M., Chan, A., Diacoyanni-Tarlatzis, I., Heider, K., Krause, R., LeComte, W. A., Pitcairn, T., Ricci-Bitti, P. E., Scherer, K., Tomota, M. & Tzavaras, A. (1987). Universals and cultural differences in the judgments of facial expressions of emotion. *Journal of Personality and Social Psychology, 53*, 712-717.

Ekman, P., Friesen, W. V. & Tomkins, S. S. (1971). Facial affect scoring technique (FAST): A first validity study. *Semiotica, 3*, 23-27.

Ekman, P. & Heider, K. G. (1988). The universality of a contempt expression: A replication. *Motivation and Emotion, 12*, 303-308.

Ekman, P., Levenson, R. W. & Friesen, W. V. (1983). Autonomic nervous system activity distinguishes between emotions. *Science, 221*, 1208-1210.

Ekman, P. & O'Sullivan, M. (1988). The role of context interpreting facial expressions: Comment on Russell and Fehr (1987). *Journal of Experimental Psychology: General, 117*, 86-88.

Ekman, P., O'Sullivan, M. & Matsumoto, D. (1991). Confusions about context in the judgment of facial expressions: A reply to «The contempt expression and the relativity thesis». *Motivation and Emotion, 15*, 169-176.

Ellsworth, P. C. (1994). William James and emotion: Is a century of fame worth a century of misunderstanding? *Psychological Review, 101*, 222-229.

Ellsworth, P. C. & Tourangeau, R. (1981). Our failure to disconfirm what nobody ever said. *Journal of Personality and Social Psychology, 40*, 363-369.

Erdmann, G. & Janke, W. (1978). Interaction between physiological and cognitive determinants of emotions: Experimental studies on Schachter's theory of emotions. *Biological Psychology, 7*, 61-74.

Ericsson, K. A. & Crutcher, R. J. (1991). Introspection and verbal reports on cognitive processes – Two approaches to the study of thinking: A response to Howe. *New Ideas in Psychology, 9*, 57-71.

Ericsson, K. A. & Simon, H. A. (1980). Verbal reports as data. *Psychological Review, 87*, 215-251.

Ericsson, K. A. & Simon, H. A. (1984). *Verbal reports as data.* Cambridge, MA: MIT Press.

Etcoff, N. L. & Magee, J. J. (1992). Categorical perception of facial expressions. *Cognition, 44*, 227-240.

Fehr, B. & Russell, J. A. (1991). The concept of love viewed from a prototype perspective. *Journal of Personality and Social Psychology, 60*, 425-438.

Fehr, B. & Russell, J. A. (1984). Concept of emotion viewed from a prototype perspective. *Journal of Experimental Psychology (General),*
113, 464-486.

Fehr, F. S. & Stern, J. A. (1970). Peripheral physiological variables and
emotion : The James-Lange theory revisited. *Psychological Bulle-*
tin, 74, 411-424.

Fortin, C. & Rousseau, R. (1989). *Psychologie cognitive : une approche*
de traitement de l'information. Sillery : Presses de l'Université du
Québec.

Fraisse, P. (1963). Les émotions. *In* P. Fraisse & J. Piaget (dir.), *Traité de*
psychologie expérimentale (tome V). Paris : Presses universitaires
de France, 97-181.

Frank, M. G., Ekman, P. & Friesen, W. V. (1993). Behavioral markers and
recognizability of the smile of enjoyment. *Journal of Personality*
and Social Psychology, 64, 83-93.

Fredrickson, B. L. & Kahneman, D. (1993). Duration neglect in retrospective evaluations of affective episodes. *Journal of Personality*
and Social Psychology, 65, 45-55.

Fridlund, A. J. (1991a). Evolution and facial action in reflex, social motive,
and paralanguage. *Biological Psychological, 32*, 3-100.

Fridlund, A. J. (1991b). Sociality of solitary smiling : Potentation by an
implicit audience. *Journal of Personality and Social Psychology,*
60, 229-240.

Fridlund, A. J., Kenworthy, K. G. & Jaffey, A. K. (1992). Audience effects
in affective imagery : Replication and extension to dysphoric
imagery. *Journal of Nonverbal Behavior, 16*, 191-212.

Friesen, W. V. (1972). *Cultural Differences in Facial Expression in a*
Social Situation : An Experimental Test of the Concept of Display
Rules. Unpublished doctoral dissertation, University of California,
San Francisco.

Frijda, N. H. (1986). *The Emotions.* Cambridge : Cambridge University
Press.

Frijda, N. H. (1993). Mood, emotion episode, and emotion. *In* M. Lewis
& J. M. Haviland (Eds.), *Handbook of Emotions* (pp. 381-403).
New York : Guilford Press.

Frijda, N. H., Kuipers, P. & Ter Schure, E. (1989). Relations among
emotion, appraisal, and emotional action readiness. *Journal of*
Personality and Social Psychology, 54, 212-228.

Frijda, N. H., Mesquita, B., Sonnemans, J. & Van Goozen, S. (1991). The
duration of affective phenomena or emotions, sentiments and
passions. *In* K. T. Strongman (Ed.), *International Review of Studies*
on Emotion (Vol. 1) (pp. 187-225). New York : Wiley, 187-225.

Friswell, R. & McConkey, K. M. (1989). Hypnotically induced mood. *Cognition and Emotion, 3*, 1-26.

Frois-Wittman, J. (1930). The judgment of facial expression. *Journal of Experimental Psychology, 13*, 113-151.

Funkenstein, D. H. (1955). The physiology of fear and anger. *Scientific American*, mai, 2-6.

Funkenstein, D. H., King, S. H. & Drolette, M. (1954). The direction of anger during a laboratory stress-inducing situation. *Psychosomatic Medicine, 16*, 404-413.

Gauthier, J. & Bouchard, S. (1993). Adaptation canadienne-française de la forme révisée du State-Trait Anxiety Inventory de Spielberger. *Revue Canadienne des Sciences du Comportement, 25*, 559-578.

Gerrards-Hesse, A., Spies, K. & Hesse, F. W. (1994). Experimental inductions of emotional states and their effectiveness : A review. *British Journal of Psychology, 85*, 55-78.

Giblin, P. T. (1983). Taxonomic and methodological consideration in describing the forms and influences of emotions : A phenomeno-logical model. *Genetic Psychology Monographs, 108*, 169-196.

Gibson, J. J. (1979). *The Ecological Approach to Visual Perception*. Boston : Houghton-Mifflin.

Gilligan, S. G. & Bower, G. H. (1984). Cognitive consequences of emotional arousal. *In* C. E. Izard, J. Kagan & R. B. Zajonc (Eds.), *Emotion, Cognition, & Behavior* (pp. 547-588). Cambridge : Cambridge University Press.

Giorgi, A. (1983). Concerning the possibility of phenomenological psychological research. *Journal of Phenomenological Psychology, 14*, 126-169.

Gollnisch, G. & Averill, J. R. (1993). Emotional imagery : Strategies and correlates. *Cognition and Emotion, 7*, 407-430.

Gosselin, P., Kirouac, G., & Doré, F. Y. (1992). Construction and validation of dynamic facial expressions of six fundamental emotions. *Cahiers de Recherche de l'École de Psychologie*, n° 123.

Gosselin, P., Kirouac, G. & Doré, F. Y. (sous presse). Components and recognition of facial expression in the communication of emotion by actors. *Journal of Personality and Social Psychology*.

Gosselin, P. & Kirouac, G. (sous presse). Le décodage de prototypes émotionnels faciaux. *Revue Canadienne de Psychologie Expérimentale*.

Gross, J. J. & Levenson, R. W. (sous presse). Emotion elicitation using films. *Cognition and Emotion*.

Hager, J. C. & Ekman, P. (1981). Methodological problems of Tourangeau and Ellsworth's study of facial expression and experience of emotion. *Journal of Personality and Social Psychology, 40*, 355-362.

Hager, J. C. & Ekman, P. (1983). The inner and outer meanings of facial expressions. In J. T. Cacioppo et R. E. Petty (Eds.), Social Psychophysiology (pp. 287-306). New York : Guilford Press.

Hall, J. A. (1984). Nonverbal Sex Differences. Baltimore : Johns Hopkins University Press.

Harré, R. (1986). The Social Construction of Emotions. Oxford : Blackwell.

Harris, V. A. & Katkin, E. S. (1975). Primary and secondary emotional behavior : An analysis of the role of autonomic feedback on affect, arousal and attribution. Psychological Bulletin, 82, 904-916.

Hatfield, E., Cacioppo, J. T. & Rapson, R. L. (1994). Emotional Contagion. Cambridge : Cambridge University Press.

Hebb, D. O. (1980). Essay on Mind. Hillsdale, NJ : Lawrence Erlbaum.

Heidbreder, E., Ziegler, A., Schafferhans, K., Heidland, A. & Grüninger, W. (1984). Psychomental stress in tetraplegic man : Dissociation in autonomic variables and emotional responsiveness. Journal of Human Stress, 11, 157-164.

Hess, U., Banse, R. & Kappas, A. (soumis). The intensity of facial expression is determined by underlying affective state and social situation.

Hess, U., Kappas, A., Kleck, R. E., McHugo, G. J. & Lanzetta, J. T. (1989). An analysis of the encoding and decoding of spontaneous and posed smiles : The use of facial electromyography. Journal of Nonverbal Behavior, 13, 121-137.

Hess, U., Kappas. A., McHugo, G. J., Lanzetta, J. T. & Kleck, R. E. (1992). The facilitative effect of facial expression on the self-generation of emotion. International Journal of Psychophysiology, 12, 251-265.

Hillgard, E. R. (1980). The trilogy of mind : Cognition, affection, and conation. Journal of the History of the Behavioral Sciences, 16, 107-117.

Hinde, R. A. (1972). Concepts of emotion. Physiology, Emotion and Psychosomatic Illness. Amsterdam : Elsevier.

Hinde, R. A. (1985). Was the expression of the emotions a misleading phrase ? Animal Behaviour, 33, 985-992.

Hjortsjö, C. H. (1970). Man's Face and Mimic Language. Lund : Student-Litteratur.

Hohman, G. W. (1966). Some effects of spinal cord lesions on experienced emotional feelings. Psychophysiology, 3, 143-156.

Hulburt, R. T., Lech, B. C. & Saltman, S. (1984). Random sampling of thought and mood. Cognitive Therapy and Research, 8, 263-275.

Izard, C. E. (1975). Patterns of emotions and emotion communication in hostility and aggression. *In* P. Pliner, L. Krames et T. Alloway (Eds.), *Nonverbal Communication of Aggression* (pp. 77-101). New York : Academic Press.

Izard, C. E. (1977). *Human Emotions.* New York : Plenum.

Izard, C. E. (1979a). Facial expression, emotion, and motivation. *In* A. Wolfgang (Ed.), *Nonverbal Behavior.* New York : Academic Press, 31-49.

Izard, C. E. (1979b). *The Maximally Discriminative Facial Movement Coding System.* Instructional Resources Center, University of Delaware, Newark, Delaware.

Izard, C. E. (1981). Differential emotions theory and the facial feedback hypothesis of emotion activation : Comments on Tourangeau and Ellsworth's The role of facial response in the experience of emotion. *Journal of Personality and Social Psychology, 40,* 350-354.

Izard, C. E. (1984). Emotion-cognition relationships and human development. *In* C. E. Izard, J. Kagan & R. B. Zajonc (Eds). *Emotion, Cognition and Behavior* (pp. 17-37). Cambridge : Cambridge University Press.

Izard, C. E. (1990). Facial expresssions and the regulation of emotions. *Journal of Personality and Social Psychology, 58,* 487-498.

Izard, C. E. (1991). *The Psychology of Emotion.* New York : Plenum Press.

Izard, C. E. (1993). Four systems of emotion activation : Cognitive and noncognitive processes. *Psychological Review, 100,* 68-90.

Izard, C. E. (1994). Innate and universal facial expressions : Evidence from developmental and cross-cultural research. *Psychological Bulletin, 115,* 288-299.

Izard, C. E. & Haynes, O. M. (1988). On the form and universality of the contempt expression : A challenge to Ekman and Friesen's claim of discovery. *Motivation and Emotion, 12,* 1-16.

Izard, C. E. & Izard, B. S. (1980). Expression of emotions as a transcultural language in social interactions and theatrical performance. *In* W. von Raffler-Engel (Ed.), *Aspects of Non-Verbal Communication* (pp. 253-264). Lisse : Swets and Zeitlinger.

Izard, C. E., Kagan, J. & Zajonc, R. B. (1984). *Emotions, Cognition and Behavior.* Cambridge : Cambridge University Press.

James, W. (1884). What is an emotion ? *Mind, 9,* 188-205.

Jasnos, T. M. & Hakmiller, K. I. (1975). Some effects of lesion level, and emotional cues on affective expression in spinal cord patients. *Psychological Reports, 37,* 859-870.

160

LES ÉMOTIONS

Jennings, J. L. (1986). Husserl revisited : The forgotten distinction between psychology and phenomenology. *American Psychologist, 41*, 1231-1240.

Johnson-Laird, P. N. & Oatley, K. (1992). Basic emotions, rationality, and folk theory. *Cognition and Emotion, 6*, 201-223.

Kagan, J. (1984). The idea of emotion in human development. *In* C. E. Izard, J. Kagan and R. B. Zajonc (Eds.), *Emotion, Cognition and Behavior* (pp. 38-72). Cambridge : Cambridge University Press.

Kappas, A. (1991). The illusion of the neural observer : On the communication of emotion. *Cahiers de Linguistique Française, 12*, 153-168.

Kappas, A., Hess, U. & Scherer, K. R. (1991). Voice and emotion. *In* R. S. Feldman & B. Rimé (Eds.), *Fundamentals of Nonverbal Behavior*. Cambridge : Cambridge University Press, 200-237.

Karlsson, G. (1990). Facts and meaning : An examination of their role in psychological research from a phenomenological perspective. *Scandinavian Journal of Psychology, 31*, 248-258.

Karlsson, G. (1992). The grounding of psychological research in a phenomenological epistemology. *Theory and Psychology, 2*, 403-429.

Katkin, E. S. (1984). Blood, sweat, and tears : Individual differences in autonomic self-perception. *Psychophysiology, 22*, 125-137.

Kenealy, P. M. (1986). The Velten mood induction procedure : A methodological review. *Motivation and Emotion, 10*, 315-336.

Kirouac, G. (1994). Les émotions. *In* M. Richelle, J. Requin & M. Robert (Eds.), *Traité de psychologie expérimentale*. Paris : Presses universitaires de France.

Kirouac, G. (1993). Les émotions. In R. J. Vallerand et E. E. Thill (Eds.), *Introduction à la psychologie de la motivation* (pp. 41-82). Laval, Québec : Études Vivantes.

Kirouac, G. & Doré, F. Y. (1982). Identification des expressions faciales émotionnelles par un échantillon québécois francophone. *International Journal of Psychology, 17*, 1-7.

Kirouac, G. & Doré, F. Y. (1983). Accuracy and latency of judgment of facial expressions of emotions. *Perceptual and Motor Skills, 57*, 683-686.

Kirouac, G. & Doré, F. Y. (1984). Judgment of facial expressions of emotion as a function of exposure time. *Perceptual and Motor Skills, 59*, 147-150.

Kirouac, G. & Doré, F. Y. (1985). Accuracy of the judgment of facial expressions of emotions as a function of sex and level of education. *Journal of Nonverbal Behavior, 9*, 3-7.

Kirouac, G., Bernier, L. & Doré, F. Y. (1986). A comparison of facial areas in the accuracy and latency of judgment of facial expressions of six emotions. 47ᵉ Congrès annuel de la Société canadienne de psychologie, Toronto.

Kirouac, G., Bouchard, M. & Saint-Pierre, A. (1986). Facial expressions of emotions and ethological behavioral categories. *Perceptual and Motor Skills, 62*, 419-423.

Kirouac, G., Doré, F. Y. & Gosselin, P. (1983). Analyse des confusions dans l'identification des expressions faciales émotionnelles : comparaison de deux modalités de jugement. *Semiotica, 45*, 89-101.

Kleinginna, P. R. & Kleinginna, A. M. (1981). A categorized list of emotion definitions, with suggestions for a consensual definition. *Motivation and Emotion, 5*, 345-379.

Kunst-Wilson, W. R. & Zajonc, R. B. (1980). Affective discrimination of stimuli that cannot be recognized. *Science, 207*, 557-558.

Kuykendall, D., Keating, J. P. & Wagaman, J. (1988). Assessing affective states : A new methodology for some old problems. *Cognitive Therapy and Research, 12*, 279-294.

Laird, J. D. (1974). Self-attribution of emotion : The effects of expressive behavior on the quality of emotional experience. *Journal of Personality and Social Psychology, 29*, 475-486.

Laird, J. D. (1984). The real role of facial response in the experience of emotion : A reply to Tourangeau and Ellsworth, and others. *Journal of Personality and Social Psychology, 47*, 909-917.

Laird, J. D. & Bresler, C. (1990). William James and the mechanisms of emotional experience. *Personality and Social Psychology Bulletin, 16*, 636-651.

Laird, J. D. & Bresler, C. (1992). The process of emotional experience : A self-perception theory. *In* M. S. Clark (Ed.), *Review of Personality and Social Psychology, 13*, 213-234.

Landis, C. & Hunt, W. A. (1932). Adrenalin and emotion. *Psychological Review, 39*, 467-485.

Lang, P. J. (1994). The varieties of emotional experience : A meditation on James-Lange theory. *Psychological Review, 101*, 211-221.

Lange, C. G. & James, W. (1967). *The Emotions.* New York : Hafner. (Réimpression de textes publiés en 1884, en 1885 et en 1890.)

Lanzetta, J. T. & McHugo, G. J. (1989). Facial expression and psychophysiological correlates of emotion. *Experimental Brain Research, 18*, 91-118.

Larsen, R. J. & Diener, E. (1992). Promises and problems with the circumplex model of emotion. *In* M. S. Clark (Ed.), *Review of Personality and Social Psychology, 13*, 25-59.

Lazarus, R. S. (1968). Emotions and adaptation : Conceptual and empirical relations. *In* W. J. Arnold (Ed.), *Nebraska Symposium on Motivation, 16,* 175-270.

Lazarus, R. S. (1981). A cognitivist reply to Zajonc on emotion and cognition. *American Psychologist, 36,* 222-223.

Lazarus, R. S. (1982). Thoughts on the relations between emotion and cognition. *American Psychologist, 37,* 1019-1024.

Lazarus, R. S. (1984). On the primacy of cognition. *American Psychologist, 39,* 124-129.

Lazarus, R. S. (1991). *Emotion and Adaptation.* New York : Oxford University Press.

Lazarus, R. S. (1993). From psychological stress to the emotions : A history of changing outlooks. *Annual Review of Psychology, 44,* 1-21.

Lazarus, R. S. & Folkman, S. (1984). *Stress, Appraisal, and Coping.* New York : Springer.

Lazarus, R. S., Kanner, A. D. & Folkman, S. (1980). Emotions : A cognitive-phenomenological analysis. *In* R. Plutchik & H. Kellerman (Eds.), *Emotion : Theory, Research, and Experience, Vol. 1 : Theories of Emotion.* New York : Academic Press, 189-217.

LeDoux, J. E. (1989). Cognitive-emotional interactions in the brain. *Cognition and Emotion, 3,* 267-290.

LeDoux, J. E. (1993). Cognition versus emotion, again – this time in the brain : A response to Parrott and Schulkin. *Cognition and Emotion, 7,* 61-64.

Lee, M. A., Sundberg, J. L. & Bernstein, I. H. (1993). Concurrent processes : The affect-cognition relationship within the context of the « mere exposure » phenomenon. *Perception and Psychophysics, 54,* 33-42.

Lemay, G., Kirouac, G. & Lacouture, Y. (sous presse). Comparaison d'études de jugement catégoriel et dimensionnel d'expressions faciales émotionnelles spontanées dynamiques et statiques. *Revue Canadienne des Sciences du Comportement.*

Lemyre, L. & Tessier, R. (1988). Mesure de stress psychologique (MSP) : se sentir stressé-e. *Revue Canadienne des Sciences du Comportement, 20,* 309-321.

Levenson, R. W. (1992). Autonomic nervous system differences among emotions. *Psychological Science, 3,* 23-27.

Levenson, R. W., Carstensen, L. L., Friesen, W. V. & Ekman, P. (1991). Emotion, physiology, and expression in old age. *Psychology and Aging, 6,* 28-35.

Levenson, R. W., Ekman, P. & Friesen, W. V. (1990). Voluntary facial action generates emotion-specific autonomic nervous system activity. *Psychophysiology, 27*, 363-384.

Levenson, R. W., Ekman, P., Heider, K. & Friesen, W. V. (1993). Emotion and autonomic nervous system activity in the Minangkabau of West Sumatra. *Journal of Personality and Social Psychology, 62*, 972-988.

Leventhal, H. (1980). Toward a comprehensive theory of emotion. *In* L. Berkowitz (Ed.), *Advances in Experimental Social Psychology* (Vol. 13) (pp. 139-207). New York: Academic Press.

Leventhal, H. (1982). A perceptual motor theory of emotion. *Social Science Information, 21*, 819-845.

Leventhal, H. (1984). A perceptual-motor theory of emotion. *In* L. Berkowitz (Ed.), *Advances in Experimental Social Psychology* (Vol. 17) (pp. 117-182). New York: Academic Press.

Leventhal, H. & Mace, W. (1970). The effect of laughter on evaluation of a slapstick movie. *Journal of Personality, 38*, 16-30.

Leventhal, H. & Scherer, K. R. (1987). The relationship of emotion to cognition: A functional approach to a semantic controversy. *Cognition and Emotion, 1*, 3-28.

Lewis, M. & Michalson, L. (1983). *Children's Emotions and Moods*. New York: Plenum Press.

Lindemann, E. & Finesinger, J. E. (1940). The subjective response of psychoneurotic patients to adrenalin and mecholyl (acetyl-B-mehtyl-choline). *Psychosomatic Medicine, 2*, 231-248.

Lyons, W. (1980). *Emotion*. Cambridge: Cambridge University Press.

Maheux, L. (1985). *Évaluation verbale et non verbale de situations inductrices d'émotion*. Thèse de maîtrise, Université Laval.

Mahoney, M. J. & Avener, M. (1977). Psychology of the elite athlete and exploratory study. *Cognitive Therapy and Research, 1*, 135-142.

Maisonneuve, J. (1985). *Les sentiments*. Paris: Presses universitaires de France.

Malatesta, C. Z. & Izard, C. E. (1984). The facial expression of emotion: Young, middle aged, and older expressions. *In* C. Z. Malatesta & C. E. Izard (Eds.), *Emotion in Adult Development* (pp. 253-276). Beverly Hills: Sage.

Mandler, G. (1982). The structure of value: Accounting for taste. *In* M. S. Clark & S. T. Fiske (Eds.), *Affect and Cognition* (pp. 3-36). Hillsdale, NJ: Lawrence Erlbaum.

Mandler, G. (1984). *Mind and Body*. New York: Norton.

Mandler, G. (1990). A constructivist theory of emotion. In N. L. Stein, B. Leventhal & T. Trabasso (Eds.), Psychological and Biological Approaches to Emotion (pp. 21-43). Hillsdale, NJ : Lawrence Erlbaum.

Mandler, G., Nakamura, Y. & Shebo-Van Zandt, B. J. (1987). Non-specific effects of exposure on stimuli that cannot be recognized. Journal of Experimental Psychology : Learning, Memory, and Cognition, 13, 646-648.

Mandler, G. & Shebo, B. J. (1983). Knowing and liking. Motivation and Emotion, 7, 125-144.

Maranon, G. (1924). Contribution à l'étude de l'action émotive de l'adrénaline. Revue française d'endocrinologie, 2, 301-325.

Marshall, G. D. & Zimbardo, P. G. (1979). Affective consequences of inadequately explained physiological arousal. Journal of Personality and Social Psychology, 37, 970-988.

Martin, M. (1990). On the induction of mood. Clinical Psychology Review, 10, 669-697.

Maslach, C. (1979). Negative emotional biasing of unexplained arousal. Journal of Personality and Social Psychology, 37, 953-969.

Matsumoto, D. (1992a). More evidence for the universality of a contempt expression. Motivation and Emotion, 16, 363-366.

Matsumoto, D. (1992b). American-Japanese cultural differences in the recognition of universal facial expressions. Journal of Cross-Cultural Psychology, 23, 72-84.

Matsumoto, D. & Ekman, P. (1988). Japanese and Caucasian Facial Expressions of Emotion (JACFEE). Disponibles chez le premier auteur, San Francisco State University.

Matsumoto, D. & Ekman, P. (1989). American-Japanese cultural differences in intensity ratings of facial expressions of emotion. Motivation and Emotion, 13, 143-157.

Mauro, R., Sato, K. & Tucker, J. (1992). The role of appraisal in human emotions : A cross-cultural study. Journal of Personality and Social Psychology, 62, 301-317.

McHugo, G. J. (sous presse). In memory of John T. Lanzetta.

McHugo, G. J., Smith, C. A. & Lanzetta, J. T. (1982). The structure of self-reports of emotional responses to film segments. Motivation and Emotion, 4, 365-385.

Meichenbaum, D. & Butler, L. (1980). Cognitive ethology : Assessing the streams of cognition and emotion. In K. R. Blankstein, P. Pliner & J. Polivy (Eds.), Assessment and Modification of Emotional Behavior (pp. 139-163). New York : Plenum Press.

Mesquita, B. & Frijda, N. H. (1992). Cultural variations in emotions : A review. *Psychological Bulletin, 112*, 179-204.

Miller, G. A., Levin, D. N., Kozak, M. J., Cook, E. W., McClean, A. & Lang, P. J. (1987). Individual differences in imagery and the psychophysiology of emotion. *Cognition and Emotion, 1*, 367-390.

Murphy, S. T. & Zajonc, R. B. (1993). Affect, cognition and awareness : Affective priming with optimal and suboptimal stimulus exposures. *Journal of Personality and Social Psychology, 64*, 723-739.

Nisbett, R. E. & Wilson, T. D. (1977). Telling more than we can know : Verbal reports on mental processes. *Psychological Review, 84*, 231-259.

Norman, D. A. (1980). Twelve issues for cognitive science. *In* A. A. Norman (Ed.), *Perspectives on cognitive science : Talks from the La Jolla Conference* (pp. 3-14). Hillsdale, NJ : Erlbaum.

Ortony, A., Clore, G. L. & Collins, A. (1988). *The Cognitive Structure of Emotion.* Cambridge : Cambridge University Press.

Ortony, A. & Turner, T. J. (1990). What's basic about basic emotions? *Psychological Review, 97*, 315-331.

Otto, J. H. & Schmitz, B. (1986). Befindlichkeitserfassung mit verschiedenen selbstberichtotechniken. Ein empirischer vergleich von unterbrechungsmit video rekonstruktionsmethoden. *Zeitschrift für experimentelle und angewandte Psychologie, 33*, 458-474.

Papez, J. W. A. (1937). A proposed mechanism of emotion. *Archives of Neurology and Psychiatry, 38*, 725-743.

Parkinson, B. (1985). Emotional effects of false autonomic feedback. *Psychological Bulletin, 98*, 471-494.

Parkinson, B. & Manstead, A. S. R. (1993). Making sense of emotions in stories and social life. *Cognition and Emotion, 7*, 295-324.

Parrott, W. G. & Schulkin, J. (1993). Neuropsychology and the cognitive nature of the emotions. *Cognition and Emotion, 7*, 43-60.

Pekala, R. J. & Winger, C. F. (1983). Retrospective phenomenological assessment : mapping consciousness in reference to specific stimulus conditions. *The Journal of Mind and Behavior, 4*, 247-174.

Pennebaker, J. W. (1981). Stimulus characteristics influencing estimation of heart rate. *Psychophysiology, 18*, 540-548.

Pennebaker, J. W. & Epstein, D. (1983). Implicit psychophysiology : Effects of common beliefs and idiosyncratic physiological responses on symptoms reporting. *Journal of Personality, 51*, 468-496.

Philippot, P. (1992). *Peripheral Differentiation of Emotion in Bodily Sensations, Physiological Changes, and Social Schemata.* Thèse de doctorat non publiée, Université de Louvain-la-Neuve.

Philippot, P. (1993). Inducing and assessing differentiated emotion-feeling states in the laboratory. *Cognition and Emotion, 7*, 171-194.

Plutchik, R. (1980a). *Emotion. A Psychoevolutionary Synthesis.* New York : Harper & Row.

Plutchik, R. (1980b). Measurement implications of a psychoevolutionary theory of emotions. *In* K. R. Blankstein, P. Pliner & J. Polivy (Eds.), *Assessment and Modification of Emotional Behavior* (pp. 47-69). New York : Plenum Press.

Plutchik, R. (1985). On emotion : The chicken-and-egg problem revisited. *Motivation and Emotion, 9*, 197-200.

Plutchik, R. & Ax, A. F. (1967). A critique of determinants of emotional states by Schachter and Singer (1962). *Psychophysiology, 4*, 79-82.

Polivy, J. (1981). On the induction of emotion in the laboratory : Discrete moods or multiple affect states ? *Journal of Personality and Social Psychology, 41*, 803-817.

Pope, L. K. & Smith, C. A. (1994). On the distinct meanings of smiles and frowns. *Cognition and Emotion, 8*, 65-72.

Redican, W. K. (1982). An evolutionary perspective on human facial displays. *In* P. Ekman (Ed.), *Emotion in the Human Face* (pp. 212-280). Cambridge : Cambridge University Press.

Reeve, J. (1993). The face of interest. *Motivation and Emotion, 17*, 353-375.

Reisenzein, R. (1983). The Schachter theory of emotion : Two decades later. *Psychological Bulletin, 94*, 239-264.

Rimé, B. & Giovannini, D. (1986). The physiological patterns of reported emotional states. *In* K. R. Scherer, H. G. Wallbott et A. B. Summerfield (Eds.), *Experiencing Emotion* (pp. 84-97). Cambridge : Cambridge University Press.

Rimé, B., Philippot, P. & Cisamolo, D. (1990). Social schemata of peripheral changes in emotion. *Journal of Personality and Social Psychology, 59*, 38-49.

Rony, J.-M. (1961). *Les passions.* Paris : Presses universitaires de France.

Roseman, I. J. (1991). Appraisal determinants of discrete emotions. *Cognition and Emotion, 5*, 161-200.

Rosenberg, E. L. & Ekman, P. (1994). Coherence between expressive and experiential sytems in emotion. *Cognition and Emotion, 8*, 201-229.

Rusalova, M. N., Izard, C. E. & Simonov, P. V. (1975). Comparative analysis of mimical and autonomic components of man's emotional state. *Aviation, Space and Environmental Medicine*, 1132-1134.

Russell, J. A. (1980). A circumplex model of the affect. *Journal of Personality and Social Psychology, 39,* 1161-1178.

Russell, J. A. (1991a). In defence of a prototype approach to emotion concepts. *Journal of Personality and Social Psychology, 60,* 37-47.

Russell, J. A. (1991b). Culture and the categorization of emotion. *Psychological Bulletin, 110,* 426-450.

Russell, J. A. (1991c). The contempt expression and the relativity thesis. *Motivation and Emotion, 15,* 149-168.

Russell, J. A. (1991d). Rejoinder to Ekman, O'Sullivan, and Matsumoto. *Motivation and Emotion, 15,* 177-184.

Russell, J. A. (1991e). Negative results on a reported facial expression of contempt. *Motivation and Emotion, 15,* 281-292.

Russell, J. A. (1993). Forced-choice responses format in the study of facial expression. *Motivation and Emotion, 17,* 41-51.

Russell, J. A. (1994). Is there universal recognition of emotion from facial expression? A review of the cross-cultural studies. *Psychological Bulletin, 115,* 102-141.

Russell, J. A. & Bullock, M. (1986). Fuzzy concepts and the perception of emotion in facial expressions. *Social Cognition, 4,* 309-341.

Russell, J. A. & Fehr, B. (1987). Relativity in the perception of emotion in facial expressions. *Journal of Experimental Psychology: General, 116,* 223-237.

Russell, J. A. & Fehr, B. (1988). A reply to Ekman and O'Sullivan. *Journal of Experimental Psychology: General, 117,* 89-90.

Russell, J. A., Suzuki, N., & Ishida, N. (1993). Canadian, Greek, and Japanese freely produced emotion labels for facial expressions. *Motivation and Emotion, 17,* 337-352.

Rutledge, L. L. & Hupka, R. B. (1985). The facial feedback hypothesis: Methodological concerns and new supporting evidence. *Motivation and Emotion, 9,* 219-240.

Salzen, E. A. (1981). Perception and emotion in faces. *In* G. Davies, H. Ellis & J. Shepherd (Eds.), *Perceiving and Remembering Faces* (pp. 133-169). London: Academic Press.

Schachter, S. (1964). The interaction of cognitive and physiological determinants of emotional state. *In* L. Berkowitz (Ed.), *Advances in Experimental Social Psychology* (Vol. 1) (pp. 49-80). New York: Academic Press.

Schachter, S. (1971). *Emotion, Obesity, and Crime.* New York: Academic Press.

Schachter, S. & Singer, J. E. (1962). Cognitive, social, and physiological determinants of emotional state. *Psychological Review, 69,* 379-399.

Schachter, S. & Singer, J. E. (1979). Comments on the Maslach and Marshall-Zimbardo experiments. *Journal of Personality and Social Psychology, 37,* 989-995.

Schandry, R. (1981). Heart beat perception and emotional experience. *Psychophysiology, 18,* 483-488.

Scherer, K. R. (1984). Emotion as a multicomponent process. *In* P. Shaver (Ed.) *Review of Personality and Social Psychology* (Vol. 5) (pp. 37-63). Beverly Hills, CA : Sage.

Scherer, K. R. (1986). Vocal affect expression : A review and a model for future research. *Psychological Bulletin, 99,* 143-165.

Scherer, K. R. (1988). Criteria for emotion-antecedent appraisal : A review. *In* V. Hamilton, G. H. Bower & N. H. Frijda (Eds.), *Cognitive perspectives in Emotion and Motivation* (pp. 89-126). Dordrecht : Kuwer.

Scherer, K. R. (1989a). Les émotions : fonctions & composantes. *In* B. Rimé et K. R. Scherer (Eds.), *Les émotions* (pp. 97-133). Neuchâtel : Delachaux & Niestlé.

Scherer, K. R. (1989b). Vocal measurement of emotion. *In* R. Plutchik et H. Kellerman (Eds.), *Emotions,* Vol. 4 : *The Measurement of Emotion* (pp. 233-259). Orlando, FL : Academic Press.

Scherer, K. R. (1989c). Vocal correlates of emotional arousal and affective disturbance. *In* H. Wagner et A. Manstead (Eds.), *Handbook of Social Psychophysiology* (pp. 165-197). New York : Wiley.

Scherer, K. R. (1990). Stress et coping : nouvelles approches. *Cahiers Psychiatriques Genevois, 9,* 147-154.

Scherer K. R. (1992a). What does facial expression express ? *In* K. T. Strongman (Ed.), *International Review of Studies on Emotion,* (Vol. 2) (pp. 139-165). New York : Wiley.

Scherer, K. R. (1992b). On social representations of emotional experience : Stereotypes, prototypes, or archetypes ? *In* M. von Cranach, W. Doise et G. Mugny (Eds.), *Social Representations and the Social Bases of Knowledge* (pp. 30-36). Lewiston, NY : Hogrefe and Huber.

Scherer, K. R. (1993a). Neuroscience projections to current debates in emotion psychology. *Cognition and Emotion, 7,* 1-41.

Scherer, K. R. (1993b). Studying the emotion-antecedent appraisal process : An expert system approach. *Cognition and Emotion, 7,* 325-355.

Scherer, K. R., Banse, R., Wallbott, H. G. & Goldbeck, T. (1991). Vocal cues in emotion encoding and decoding. *Motivation and Emotion,* *15,* 123-148.

Scherer, K. R. & Wallbott, H. G. (1994). Evidence for universality and cultural variation or differential emotion response patterning. *Journal of Personality and Social Psychology, 66,* 310-328.

Scherer, K. R., Summerfield, A. B. & Wallbott, H. G. (1983). Cross-national research on antecedents and components of emotion : A progress report. *Social Science Information, 22,* 355-385.

Scherer, K. R., Wallbott, H. G. & Summerfield, A. B. (1986). *Experiencing Emotion : A Cross-Cultural Study.* Cambridge : Cambridge University Press.

Schwartz, G. E., Fair, P. L., Salt, P., Mandel, M. R. & Klerman, G. L. (1976a). Facial expression and imagery in depression : An electromyographic study. *Psychosomatic Medicine, 38,* 337-347.

Schwartz, G. E., Fair, P. L., Salt, P., Mandel, M. R. & Klerman, G. L. (1976b). Facial muscle pattern of affective imagery in depressed and non-depressed subjects. *Science, 192,* 489-491.

Schwartz, G. E. & Weinberger, D. A. (1980). Patterns of emotional responses to affective situations : Relations among happiness, sadness, anger, fear, depression and anxiety. *Motivation and Emotion, 4,* 175-191.

Schwartz, G. E., Weinberger, D. A. & Singer, J. A. (1981). Cardiovascular differentiation of happiness, sadness, anger and fear following imagery and exercise. *Psychosomatic Medicine, 43,* 343-364.

Seamon, J. G., Brody, N. & Kauff, D. M. (1983a). Affective discrimination of stimuli that are not recognized : Effects of shadowing, masking, and cerebral laterality. *Journal of Experimental Psychology : Learning, Memory, and Cognition, 9,* 544-555.

Seamon, J. G., Brody, N. & Kauff, D. M. (1983b). Discrimination of stimuli that are not recognized : II. Effect of delay between study and test. *Bulletin of the Psychonomic Society, 21,* 187-189.

Seamon, J. G., Marsh, R. L. & Brody, N. (1984). Critical importance of exposure duration of stimuli that are not recognized. *Journal of Experimental Psychology : Learning, Memory, and Cognition, 10,* 465-469.

Shields, S. A. (1984). Reports of bodily changes in anxiety, sadness, and anger. *Motivation and Emotion, 8,* 1-22.

Sinclair, R. C., Hoffman, C., Mark, M. M., Martin, L. L. & Pickering, T. L. (1994). Construct accessibility and the misattribution of arousal : Schachter and Singer revisited. *Psychological Science, 5,* 15-19.

Smith, C. A. (1989). Dimensions of appraisal and the physiological response in emotion. *Journal of Personality and Social Psychology, 56,* 339-353.

Smith, C. A. & Ellsworth, P. C. (1985). Patterns of cognitive appraisal in emotion. *Journal of Personality and Social Psychology, 48,* 813-838.

Smith, C. A. & Ellsworth, P. C. (1987). Patterns of appraisal and emotion related to taking an exam. *Journal of Personality and Social Psychology, 52,* 475-488.

Smith, C. A. & Lazarus R. S. (1993). Appraisal components, core relational themes, and the emotions. *Cognition and Emotion, 7,* 233-270.

Stein, N. L. & Oatley, K. (1992). Basic emotions: Theory and measurement. *Cognition and Emotion, 6,* 161-168.

Stein, M. (1967). Some psychophysiological considerations of the relationship between autonomic nervous system and behavior. *In* D. C. Glass (Ed.), *Neurophysiology and Emotion* (pp. 145-154). New York: Rockefeller University Press.

Sternback, R. A. (1962). Assessing differential autonomic patterns in emotions. *Journal of Psychosomatic Research, 6,* 87-91.

Stricker, G. (1967). A pre-experimental inquiry concerning cognitive determinants of emotional state. *The Journal of General Psychology, 76,* 73-79.

Strongman, K. T. (1978). *The Psychology of Emotion.* New York: Wiley.

Strongman, K. T. (1987). *The Psychology of Emotion.* New York: Wiley.

Sylvain, C. & Ladouceur, R. (1992). Correction cognitive et habitudes de jeu chez les joueurs de poker vidéo. *Revue Canadienne des Sciences du Comportement, 24,* 479-489.

Tassinary, L. G., Orr, S. P., Wolford, G., Napps, S. E. & Lanzetta, J. T. (1984). The role of awareness in affective information processing: An exploration of the Zajonc hypothesis. *Bulletin of the Psychonomic Society, 22,* 489-492.

Thinès, G. (1980). *Phénoménologie et science du comportement.* Bruxelles: Pierre Mardaga.

Tomkins, S. S. (1962). *Affect, Imagery and Consciousness: Vol. 1.* New York: Springer.

Tomkins, S. S. (1963). *Affect, Imagery and Consciousness: Vol. 2.* New York: Springer.

Tomkins, S. S. (1981). The role of facial response in the experience of emotion: A reply to Tourangeau and Ellsworth. *Journal of Personality and Social Psychology, 40,* 355-357.

Tomkins, S. S. & McCarter, R. (1964). What and where are the primary affects? Some evidence for a theory. *Perceptual and Motor Skills, 18*, 119-158.

Tourangeau, R. & Ellsworth, P. (1979). The role of facial response in the experience of emotions. *Journal of Personality and Social Psychology, 37*, 1519-1531.

Valins, S. (1966). Cognitive effects of false heart-rate feedback. *Journal of Personality and Social Psychology, 4*, 400-408.

Valins, S. (1974). Persistent effects of information about internal reactions : Ineffectiveness of debriefing. *In* H. London & E. Nisbett (Eds.), *Thought and Feeling* (pp. 116-124). Chicago : Aldine.

Velten, E. (1968). A laboratory task for induction of mood states. *Behaviour Research and Therapy, 6*, 473-482.

Wagner, H. L. (1990). The spontaneous facial expression of differential positive and negative emotions. *Motivation and Emotion, 14*, 27-44.

Wagner, H. L., Lewis, H., Ramsay, S. & Krediet, I. (1992). Prediction of facial displays from knowledge of norms of emotional expressiveness. *Motivation and Emotion, 16*, 347-362.

Wagner, H. L., MacDonald, C. J. & Manstead, A. S. R. (1986). Communication of individual emotions by spontaneous facial expressions. *Journal of Personality and Social Psychology, 50*, 737-743.

Wallbott, H. G. (1991). Recognition of emotion from facial expression via imitation? Some indirect evidence for an old theory. *British Journal of Social Psychology, 30*, 207-219.

Wallbott, H. G. & Scherer, K. R. (1989). Assessing emotion by questionnaire. *In* R. Plutchik & H. Kellerman (Eds.), *Emotion, Theory, Research and Experience*, Vol. 4, *The Measurement of Emotion* (pp. 55-82). Orlando, FL : Academic Press.

Waynbaum, I. (1907). *La physionomie humaine : son mécanisme et son rôle social.* Paris : Alcan.

Weiner, B. (1982). The emotional consequences of causal attributions. *In* M. S. Clark & S. T. Fiske (Eds.), *Affect and Cognition* (pp. 185-209). Hillsdale, NJ : Lawrence Erlbaum.

Weiner, B. (1986). *An Attributional Theory of Motivation and Emotion.* New York : Springer-Verlag.

Weiss, F., Blum, G. S. & Gleberman, L. (1987). Anatomically based measurement of facial expressions in simulated versus hypnotically induced affect. *Motivation and Emotion, 11*, 67-82.

Wenzel, B. M. (1972). Immunosympathectomy and behavior. *In* G. Steiner & E. Schonbaum (Eds.), *Immunosympathectomy.* Amsterdam : Elsevier.

Whissell, C. M. (1985). The role of the face in human emotion : First system or one of many ? *Perceptual and Motor Skills, 61*, 3-12.

Wiggers, M. (1982). Judgments of facial expressions of emotion predicted from facial behavior. *Journal of Nonverbal Behavior, 7*, 101-116.

Wilson, T. D. (1985). Strangers to ourselves : The origins and accuracy of beliefs about one's own mental states. *In J. H. Harvey et G. Weary (Eds.), Attribution : Basic Issues and Applications* (pp. 9-36). New York : Academic Press.

Winton, W. M. (1986). The role of facial response in self-report of emotion : A critique of Laird. *Journal of Personality and Social Psychology, 50*, 808-812.

Wynne, L. & Solomon, R. L. (1955). Traumatic avoidance learning : Acquisition and extinction in dogs deprived of normal peripheral autonomic function. *Genetic Psychology Monographs, 52*, 241-284.

Yarrow, L. J. (1979). Emotional development. *American Psychologist, 34*, 951-957.

Zajonc, R. B. (1968). The attitudinal effects of mere exposure. *Journal of Personality and Social Psychology Monograph, 9* (2, Pt. 2).

Zajonc, R. B. (1980). Feeling and thinking : Preferences need no inferences. *American Psychologist, 35*, 151-175.

Zajonc, R. B. (1985). Emotion and facial efference : An ignored theory reclaimed. *Science, 228*, 15-21.

Zajonc, R. B. & McIntosh, D. N. (1992). Emotions research : Some promising questions and some questionable promises. *Psychological Science, 3*, 70-74.

Zajonc, R. B., Murphy, S. T. & Inglehart, M. (1989). Feeling and facial efference : Implication of the vascular theory of emotion. *Psychological Review, 96*, 395-416.